EL JEFE SABÍA

Cobalto-60 y la radiación que expuso nuestra fragilidad.

Copyright © 2026 Simón Madrigal

Todos los derechos reservados

Simon & Ben Publishing

ISBN 979-8-9957567-0-5 (tapa blanda)

Primera edición: Abril 2026

Esta es una investigación documental basada en hechos reales. Los nombres, eventos y datos presentados están documentados en registros públicos y fuentes citadas en la bibliografía.

EL JEFE SABÍA

Cobalto-60 y la radiación que expuso nuestra fragilidad

Simón Madrigal Caro

ÍNDICE

Capítulo 8: La Firma

Febrero de 1985: situación controlada. Compensaciones fragmentadas. Programa médico cancelado. Acuerdos de confidencialidad. Cuarenta años de espera.

Capítulo 9: Lo Que Sabían

Lemus sabía en 1977. La CNSNS sabía en enero de 1984. En Veracruz decidieron que la economía de las empresas importaba más.

Capítulo 10: El Precio Real

Febrero de 2025: sesenta y cuatro páginas que no revelan nada. Agustín muere preguntándose. Benjamín sin poder probarlo. Vicente paga solo. El sistema intacto.

Epílogo: El Jefe Sabía

No hubo un solo jefe. Cada quien sabía lo suficiente. Nadie detuvo nada. La radiación decayó. La lección no debería.

Fuentes, Archivos y Referencias Documentales

NOTA DEL AUTOR

En diciembre de 2024 llamé a las oficinas de la Comisión Nacional de Seguridad Nuclear y Salvaguardias buscando el expediente de la averiguación previa 79/85. La empleada revisó la base de datos y me confirmó lo que ya sabía: el expediente seguía clasificado. Me dijo que se desclasificaría en febrero de 2025, cuarenta años después de ser sellado. Le pregunté si alguien más lo había solicitado recientemente. Hubo una pausa. "No que yo sepa, usted es el primero que pregunta por este caso."

Esperé dos meses. El 15 de febrero de 2025, un domingo, el documento apareció en el portal de transparencia sin comunicado de prensa, sin ceremonia. Lo descargué. Sesenta y cuatro páginas. Mientras las leía, entendí por qué nadie lo había solicitado en cuarenta años: porque no revelaba nada que pudiera incomodar a quienes habían tomado las decisiones.

Ese fue el origen de este libro. No nació de curiosidad académica por un "episodio técnico" de la historia industrial mexicana, sino de la certeza de que un sistema entero había sido diseñado para protegerse a sí mismo mientras las víctimas esperaban respuestas que nunca llegaron.

Este libro, no es una novela de ficción. Es una reconstrucción forense de hechos reales basada en documentación pública de la CNSNS desclasificada en 2025, expedientes de la averiguación previa 79/85 de la PGR, reportajes de la revista Proceso (1984-1990), investigaciones de El Heraldo de Chihuahua, Regeneración Radio (2008) y Gatopardo (2023), archivos de ACHISA incautados por la CNSNS en 1984, testimonios documentados de víctimas y trabajadores, informes técnicos del

Laboratorio Nacional de Los Álamos, y análisis epidemiológicos de la UNAM (2004) y la Universidad Autónoma de Coahuila (2019).

Todos los hechos centrales están documentados. Todos los nombres que aparecen como responsables están en registros públicos. Las escenas fueron reconstruidas a partir de declaraciones testimoniales, reportes oficiales y lógica verificable de los eventos. Los diálogos que aparecen son citas textuales de documentos o reconstrucciones basadas en lo que los participantes declararon que se dijo. No inventé nada. Solo conecté lo que el sistema había decidido mantener fragmentado.

Lo que me inquieta de esta historia no es la radiación. La radiación tiene física predecible. El cobalto-60 decae a una tasa conocida. Los detectores no mienten. Lo que me inquieta es la distancia entre saber y actuar. El doctor Lemus sabía lo que compraba en 1977 y lo cruzó ilegalmente igual. La CNSNS sabía desde el 18 de enero de 1984 que había material contaminado y no alertó durante ocho días. Los funcionarios sabían que había cuatro mil toneladas sin localizar y cerraron el caso igual. Sabían que familias vivían en casas contaminadas y no las evacuaron. Sabían que hacer el estudio epidemiológico revelaría cuántas personas murieron y no lo hicieron.

Este libro documenta esa cadena de decisiones. No para provocar escándalo, sino para establecer un precedente. Porque el acontecimiento de 1984 sigue pasando. Porque sigue habiendo conflictos de interés tan obvios que nunca se investigan, expedientes que se sellan para proteger a instituciones, trabajadores que pagan por decisiones que otros tomaron.

Escribí este libro porque alguien tenía que contar lo que el Estado decidió no documentar. Porque los cuerpos que pagaron el precio merecen algo más que un expediente de sesenta y cuatro páginas que no dice nada. Porque Agustín Villanueva, Benjamín de la Rosa y Vicente Sotelo murieron sin que nadie respondiera las preguntas que sus muertes dejaron. Porque en dieciséis estados de México hay familias que todavía no saben que viven en casas que el gobierno identificó como contaminadas hace cuarenta y dos años.

Si esta historia incomoda, es porque debería incomodar. Si señala responsables, es porque esos responsables están documentados en archivos públicos. Si no ofrece clausura moral satisfactoria, es porque la realidad tampoco la ofreció.

La memoria no debería decaer. Este libro es mi intento de asegurar que no lo haga.

PRÓLOGO

Lo que no hacía ruido

16 de enero de 1984. Los Álamos, Nuevo México. El camionero mexicano estaba perdido. Había tomado un camino equivocado buscando la carretera que lo llevaría a Texas con su carga de varilla corrugada para construcción, acero común procedente de Chihuahua, nada que justificara preocupación. Pasó frente a un complejo rodeado de cercas y señalamientos de seguridad sin saber que era el Laboratorio Nacional de Los Álamos, el lugar donde se diseñó la primera bomba atómica, el lugar con los detectores de radiación más sensibles del hemisferio occidental.

Los detectores registraron una anomalía. Un camión mexicano transportando varilla de construcción estaba emitiendo niveles de radiación incompatibles con el fondo natural. Las alarmas sonaron.

Y en ese instante —ese error de navegación, ese giro equivocado— se reveló el mayor desastre radiactivo de América Latina.

Nadie en México sabía que estaba pasando. Nadie sabía que seis mil seiscientas toneladas de acero contaminado habían sido producidas y distribuidas durante el último mes, que ese acero estaba en casas, hospitales y escuelas de dieciséis estados, que el programa diseñado para detectar esto había fallado en cada punto.

Pero alguien sabía algo. En cada eslabón de la cadena que llevó a ese momento, alguien sabía lo suficiente para haber detenido lo que venía.

Mil quinientos pesos mexicanos. Aproximadamente diez dólares. Eso fue lo que pagaron por una máquina de radioterapia en un yonke de Ciudad Juárez: ciento doce kilos de metal que contenían seis mil diez gránulos de cobalto-60. El metal llegó a una fundidora. Los gránulos resistieron las temperaturas de fusión, se integraron al acero líquido y viajaron en varilla de construcción a cientos de estructuras por todo el continente.

Mientras esa varilla se distribuía, en la colonia Altavista de Ciudad Juárez una Datsun pick-up blanca permanecía estacionada en la calle Aldama durante cincuenta días. Los niños la usaban como nave espacial. Las madres platicaban recargadas en el cofre. Vida ordinaria en un barrio ordinario de la frontera. Nadie sabía que esa camioneta emitía, en algunos puntos, mil rads por hora, lo que equivalía a la dosis que mató a los liquidadores de Chernobyl, porque nadie se los había dicho.

Y nadie se los había dicho porque el sistema había sido diseñado para que nadie tuviera que decirlo.

Cuando las alarmas sonaron en Los Álamos el 16 de enero de 1984, lo único que quedaba era decidir qué hacer con esa información. Y ahí es donde empieza la verdadera historia. No la historia del accidente, sino la historia de lo que pasa después: cuando alguien tiene que decidir qué decir y cuándo decirlo, a quién evacuar y a quién dejar, qué investigar y qué ignorar, quién paga y quién se va libre.

La radiación no hace ruido, no arde, no huele, no anuncia su presencia. Permanece.

Pero hay algo que el aparato burocrático no calculó: que alguien iría a buscar ese expediente. Y publicaría los pormenores de lo sucedido, la información que se había fragmentado y guardado por cuarenta años. Hasta ahora.

CAPÍTULO 1
Donde Jugaban los Niños

La camioneta apareció un lunes sin anuncio, sin sirenas, sin levantar polvo distinto al habitual de la colonia Altavista. No traía advertencias. Simplemente amaneció ahí, estacionada en la calle Aldama como si siempre hubiera pertenecido a ese lugar. En la frontera norte de Ciudad Juárez, las cosas no siempre tienen dueño visible. A veces alguien deja algo para volver por ello después. A veces nadie vuelve. La frontera tiene su propio cementerio de objetos que fueron útiles y dejaron de serlo: puertas sin bisagra, llantas vencidas, televisores sin pantalla, promesas sin fecha.

La Datsun pick-up había sido blanca en algún momento, pero el sol del desierto chihuahuense le había arrancado el brillo y ahora la pintura se desprendía en escamas que revelaban el metal oxidado debajo. La caja trasera guardaba restos de polvo gris que nadie distinguió del polvo común que cubría todo en la colonia: banquetas, sandalias, ropa tendida, techos de lámina. Por eso nadie lo vio. Cuando los niños del barrio la descubrieron esa tarde de diciembre, ya se habían apropiado de ella con la velocidad natural de quienes convierten cualquier objeto abandonado en territorio de juego.

Uno trepó por la defensa trasera. Otro lo imitó. Pronto eran cinco transformando la camioneta en nave espacial, en fortaleza, en cárcel imaginaria. Golpeaban el metal con palos y celebraban el eco hueco que resonaba en la caja vacía. Una niña encontró un pequeño cilindro oxidado rodando en la esquina de la caja. Lo levantó con ambas manos. Pesaba más de lo que parecía. Lo dejó caer. El sonido seco —clang— se perdió entre las risas de los otros niños. Volvió a dejarlo caer. Clang. Le gustó ese sonido. Nadie sabía que ese cilindro había estado dentro de una máquina diseñada para emitir rayos capaces de atravesar el cuerpo humano. Nadie sabía que todavía lo hacía.

Vicente Sotelo Alardín tenía treinta y cinco años cuando la vida le puso delante la oportunidad de ganar mil quinientos pesos desmontando una máquina que nadie quería. Aproximadamente diez dólares al tipo de cambio de ese diciembre de 1983. Era técnico de mantenimiento del Centro Médico de Especialidades de Ciudad Juárez y había trabajado ahí casi ocho años, lo suficiente para conocer cada bodega, cada pasillo del subterráneo, cada tubería oxidada del edificio. Era el tipo de empleado que los jefes valoran: hacía lo que se le pedía cuando se le pedía, sin necesidad de explicaciones. Esa docilidad le costó todo.

Vivía en la colonia Altavista con su esposa y sus dos hijos en una casa de block sin pintar, en un barrio donde la gente sobrevivía con lo que tenía y no preguntaba demasiado sobre el origen de las oportunidades cuando llegaban. Ese primer martes de diciembre de 1983, Vicente llegó al hospital a las siete de la mañana como siempre. El jefe de mantenimiento lo llamó a su oficina a las ocho. La conversación fue breve, del tipo de conversación que no admite réplica no porque quien la tiene haya amenazado explícitamente, sino porque la relación de poder entre los dos hombres hacía la amenaza innecesaria.

"Ahí están esos fierros en la bodega del sótano. Llévatelos. Ya sabes dónde venderlos".

Fierros. Así le llamaron a la Picker C-3000 ese martes por la mañana. Como si el nombre neutro del material pudiera neutralizar la naturaleza de lo que era. Vicente asintió sin preguntar qué tipo de fierros, sin preguntar por qué había que sacarlos justo ahora después de años de estar arrumbados, sin preguntar si alguien había verificado que fuera seguro moverlos. No preguntó porque en ocho años de trabajo había aprendido que las preguntas innecesarias son el camino más corto al desempleo.

Fue a buscar a Ricardo Hernández, un amigo que a veces le ayudaba con los trabajos más pesados. Le ofreció la mitad de lo que ganaran. Ricardo aceptó sin hacer preguntas y juntos bajaron al sótano.

El sótano del Centro Médico de Especialidades olía igual que todos los sótanos de todos los hospitales del norte de México: a humedad de invierno y a aceite de máquinas que nadie había lubricado en meses. Vicente encendió la luz. El fluorescente tardó un segundo en responder, parpadeó dos veces, y entonces la bodega apareció con su geografía familiar: catres plegados contra la pared izquierda, aparatos de ventilación que ya no funcionaban, cajas de cartón con suministros médicos de otra década, y al fondo, ocupando más espacio del que parecía necesario, la máquina.

Era verde. Verde militar. Con un cabezal articulado que apuntaba hacia el techo como una pregunta sin respuesta. Pesada. Rectangular. Cubierta de polvo que delataba años de abandono. No tenía ninguna señal de advertencia, ninguna calavera, ningún letrero que dijera lo que era o lo que contenía. Nada que la distinguiera de cualquier otro aparato médico obsoleto esperando ser desechado. Vicente la miró un momento, luego miró a Ricardo, luego volvió a mirar la máquina.

"¿Y esto qué es?" preguntó Ricardo.
"No sé. El jefe dijo que es chatarra. Que la saquemos".
"¿Y si sirve para algo?"
"Si sirviera, no estaría aquí abajo".

Era una lógica perfecta. Era también, en retrospectiva, la lógica más peligrosa que pudo haber aplicado.

Empezaron a desmontarla como habrían desmontado cualquier aparato obsoleto destinado al yonke: con las herramientas que tenían a mano, con la lógica pragmática de quien sabe que el metal se paga por kilo y que entre más piezas puedes separar, más fácil es el traslado. Destornilladores, llaves inglesas, una palanca pequeña que Vicente llevaba siempre en su cinturón. Los tornillos fueron cediendo uno por uno mientras los paneles laterales, los cables y el armazón exterior revelaban su interior con la parsimonia de algo que no tiene prisa porque no sabe lo que guarda.

Llegaron al cabezal. Era más pesado de lo que esperaban y más hermético: un cilindro metálico compacto que no tenía tornillos visibles ni paneles desmontables. Estaba diseñado así deliberadamente, para que no se abriera sin herramientas especializadas, sin el conocimiento de lo que había adentro, sin la comprensión de que lo que había adentro no debía salir nunca. Vicente lo intentó de varias maneras. El cilindro no cedía.

"A la chingada" —dijo Ricardo—. "Déjalo así. Lo llevamos completo".
"No. Pesa demasiado. No vamos a poder cargarlo".

Vicente buscó la palanca. La encontró. La insertó en el punto que parecía más débil del cilindro e hizo presión. El metal resistió. Hizo más presión. El metal cedió con un sonido seco que no debería haber sonado tan ordinario. Crack. Y entonces, en el instante exacto en que el cilindro se abrió, seis mil diez gránulos de cobalto-60 del tamaño de un milímetro de diámetro quedaron libres.

Cayeron en la caja de la camioneta Datsun que Vicente había estacionado en el patio trasero del hospital. Rodaron por el suelo de cemento de la bodega, se metieron en las grietas, se pegaron a la ropa de Vicente, se pegaron a la ropa de Ricardo, entraron en sus pulmones con el polvo que levantó el golpe, se quedaron en las suelas de sus zapatos. Se esparcieron por el sótano con la libertad silenciosa de algo que no necesita hacer ruido para hacerse presente.

Ninguno de los dos lo notó. ¿Cómo iban a notarlo? Los gránulos eran del tamaño de un punto tipográfico, invisibles en la penumbra del sótano, inodoros, silenciosos, sin ninguna señal que alertara a ninguno de los sentidos humanos de lo que acababa de pasar. Vicente cargó el cilindro perforado y lo subió a la Datsun. Luego cargó las piezas del armazón, todo lo que pareciera metal vendible. Cerró la compuerta de la camioneta, se limpió las manos en el pantalón y salieron del hospital. Eran las once de la mañana del 6 de diciembre de 1983.

Mientras conducían hacia el Yonke Fénix en el otro extremo de Ciudad Juárez, la Datsun iba dejando un rastro de gránulos en cada bache, en cada curva, en cada metro de asfalto que tocaban sus ruedas. Los gránulos caían uno a uno sobre el pavimento caliente del mediodía, tan pequeños que el viento los movía, tan ligeros que podían viajar en el aire sin que nadie los viera. La ciudad los absorbió sin saberlo.

El Yonke Fénix estaba en la periferia industrial de Juárez y era exactamente lo que su nombre sugería: un lugar donde las cosas llegan al final de su vida útil y se transforman en otra cosa. Montañas de metal retorcido, coches aplastados en pilas, refrigeradores sin puertas, lavadoras descuartizadas, el olor permanente a aceite quemado y óxido que tienen todos los yonkes del mundo. Los trabajadores recibieron a Vicente y a Ricardo con la eficiencia pragmática de quien ha aprendido que hacer demasiadas preguntas sobre el origen de las cosas hace que la gente lleve sus cosas a otro lado.

Descargaron el metal. Lo pesaron. La báscula marcó ciento doce kilos. El encargado anotó en su libreta con lápiz de carpintero: metal común, precio común. Mil quinientos pesos mexicanos. Aproximadamente diez dólares. Vicente recibió el dinero, lo guardó en el bolsillo con el gesto de alguien que completa una transacción ordinaria, porque eso era exactamente lo que parecía ser. Chatarra vendida, dinero recibido, trabajo hecho. Firmó el recibo en el cuaderno escolar que usaban para registrar las entregas, se despidió y salió al estacionamiento de tierra del yonke. Para Vicente Sotelo Alardín, el asunto estaba cerrado. En el Yonke Fénix, el asunto acababa de empezar.

Los gránulos de cobalto-60 que habían caído durante el desmontaje, los que rodaron por el suelo de la bodega del hospital, los que viajaron en la caja de la Datsun y se desprendieron cuando descargaron el metal, quedaron ahora mezclados con el resto de la chatarra del yonke. Y el Yonke Fénix usaba grúas electromagnéticas industriales para mover y clasificar el metal: electroimanes enormes que recogían toneladas de hierro en una sola pasada y las depositaban en distintos contenedores según el tipo y la calidad del material. Cada vez que el electroimán pasaba cerca de los gránulos de cobalto, la contaminación radiactiva se transmitía a los metales en contacto. Cada vez que esos metales tocaban otros metales, la contaminación se extendía un poco más.

Era un proceso de dispersión perfectamente eficiente para el que el yonke, sin saberlo, estaba diseñado: tomar cosas separadas y mezclarlas hasta que sea imposible saber dónde empieza una y termina la otra. El cobalto se mezclaba, se extendía, se hacía más difícil de localizar con cada hora que pasaba. Y más imposible de recuperar.

En el camino de regreso del Yonke Fénix a la colonia Altavista, la Datsun de Vicente se descompuso. No fue un episodio dramático. El motor simplemente dejó de responder con la indiferencia mecánica de los motores viejos que no eligen sus momentos. Vicente la orilló cerca del Río Grande y la dejó ahí dos días mientras conseguía quién lo ayudara a remolcarla. Dos días junto al río, con los gránulos de cobalto-60 todavía en la caja, pegados en las grietas del piso metálico. El río pasando. La gente pasando. Nadie sabiendo nada.

Cuando por fin pudo moverla, Vicente la llevó a su casa en la colonia Altavista y la estacionó en el callejón lateral de la calle Aldama, frente a su puerta. Iba a reemplazar la batería en unos días, era cuestión de conseguir el dinero, de encontrar el repuesto correcto, de tener un momento libre para hacer el trabajo. Entonces alguien le robó la batería. Sin batería, la Datsun no podía moverse. Sin poder moverse, se quedó en la calle Aldama un día, dos días, una semana, dos semanas.

La vida del barrio la fue incorporando con la naturalidad con la que los barrios incorporan todo lo que no cambia de lugar: la camioneta del vecino, siempre ahí, parte del paisaje, fondo de conversaciones que no tienen nada que ver con ella. Los niños del barrio la usaban como base de operaciones después de la escuela, trepaban a la caja de carga, se sentaban en el cofre, usaban la camioneta como punto de partida para sus carreras por la calle de tierra. Una niña de trenzas, curiosa y paciente, encontró en una esquina de la caja un pequeño cilindro oxidado y lo golpeó suavemente con una piedra. El sonido era hueco, metálico, casi musical. Clang. Le gustó ese sonido. Volvió a golpearlo. Clang. El sonido seco se perdió entre risas de otros niños que jugaban cerca. Las madres observaban desde las puertas. Una gritó que no se subieran tan alto, que podían caerse. Ninguna gritó que se bajaran porque podían enfermarse. Nadie pensaba en eso. La amenaza no tenía forma visible.

Doña Lucina Soto tenía alrededor de cincuenta años ese diciembre de 1983 y vivía en la calle Aldama, a pocas casas de donde Vicente había estacionado su Datsun. Por las tardes, cuando el sol empezaba a bajar y el calor del desierto cedía un poco, Doña Lucina salía a platicar con las vecinas. Se recargaba en el cofre de la camioneta. Era la altura justa para apoyarse, estaba a la sombra en las tardes, y el vecino que era su dueño no parecía tener ninguna objeción.

Las conversaciones de la calle Aldama eran las conversaciones de todos los barrios pobres de la frontera: hijos, trabajo, el precio de las cosas, quién se fue y quién volvió. Doña Lucina se recargaba en el cofre de la Datsun blanca y platicaba tarde tras tarde, a centímetros de una fuente de radiación activa que en algunos puntos emitía hasta mil rads por hora. Lo que es equivalente a cincuenta mil radiografías de tórax. Lo que es el doble de la dosis aguda letal para un ser humano. Lo que es comparable a lo que recibieron los liquidadores de Chernobyl que murieron en semanas. Doña Lucina no lo sabía. No podía saberlo. Nadie se lo había dicho.

Del 6 de diciembre de 1983 al 26 de enero de 1984, la Datsun blanca permaneció estacionada en la calle Aldama. Cincuenta días en los que los niños jugaron, en los que las madres platicaron, en los que el barrio vivió su vida ordinaria sin saber que vivía junto a algo invisible que los estaba marcando. El cobalto-60 no necesita hacer ruido para avanzar, no necesita anunciarse. Simplemente está.

Y mientras está, emite. Radiación gamma que atraviesa paredes de adobe, que penetra tejido humano, que altera células sin permiso y sin que ningún sentido humano pueda detectarla hasta que es tarde.

Durante esos casi dos meses, entre cuatro y seis niños jugaban en esa camioneta cada tarde después de la escuela. Durante esos cincuenta días, Doña Lucina y otras tres vecinas conversaban recargadas en el cofre mientras el sol bajaba. Durante esos cincuenta días, la gente pasaba junto a la Datsun camino a sus casas, camino al mercado, camino a ningún lado en particular. Y durante esos largos cincuenta días, nadie en ninguna institución gubernamental sabía que había una fuente radiactiva activa en medio de un barrio civil.

Mientras tanto, el metal que Vicente había vendido al Yonke Fénix ya no estaba en el yonke. El 14 de diciembre de 1983, ocho días después de que Vicente lo entregara, un camión de carga llegó al Yonke Fénix y recogió aproximadamente cuatro toneladas de chatarra mixta para llevarla a Aceros de Chihuahua, conocida como ACHISA, la fundidora paraestatal más importante del norte del país. La chatarra iba acompañada de su documentación ordinaria: peso, origen, tipo de metal estimado. Ningún documento mencionaba que dentro de esas cuatro toneladas viajaban fragmentos de un cilindro de cobalto-60 con una actividad de mil tres curios.

ACHISA recibió la carga sin cuestionamiento. Era diciembre. La producción de fin de año exigía volumen. Las órdenes para varilla de construcción llegaban de todo el norte del país. La fundidora operaba a capacidad máxima. El metal llegaba, se pesaba, se clasificaba, se fundía. Era un proceso industrial eficiente diseñado para transformar chatarra en producto terminado en el menor tiempo posible. No estaba diseñado para detectar contaminación radiactiva porque nadie había considerado que fuera necesario.

El 16 de diciembre, la chatarra del Yonke Fénix fue cargada en uno de los hornos de arco eléctrico de ACHISA. El horno alcanzó mil quinientos cincuenta grados Celsius. El acero se fundió. El hierro se fundió. Los fragmentos del cilindro se fundieron. Y el cobalto-60 también se fundió. Pero fundirse no es neutralizarse. El cobalto-60 resiste temperaturas que convertirían cualquier otro material en ceniza. Se integra al acero fundido sin perder su estructura atómica, sin renunciar a su actividad radiactiva. Simplemente se distribuye de manera uniforme en el metal que lo contiene.

Entre el 16 de diciembre de 1983 y el 3 de enero de 1984, ACHISA produjo aproximadamente seis mil seiscientas toneladas de varilla de construcción calibre tres octavos. La varilla salió de la fundidora con su certificación estándar: peso, composición química estimada, resistencia a la tracción. Toda la documentación era correcta según los parámetros que ACHISA estaba obligada a verificar. Lo que esa documentación no decía, lo que nadie estaba verificando, lo que ningún protocolo exigía comprobar, era si esa varilla emitía radiación.

Las seis mil seiscientas toneladas se distribuyeron por dieciséis estados de México. Fueron a constructoras en Monterrey, a distribuidoras en la Ciudad de México, a ferreterías en Guadalajara, a proyectos de vivienda en Sinaloa. Fueron a lugares donde se estaban construyendo casas, escuelas, hospitales, edificios de gobierno. Fueron a estructuras donde la gente iba a vivir, donde los niños iban a estudiar, donde los enfermos iban a curarse. Y nadie sabía que esa varilla llevaba consigo algo invisible que iba a marcar a quienes vivieran cerca de ella durante los siguientes años.

Mientras la varilla viajaba por México integrándose en la infraestructura del país, mientras ACHISA seguía produciendo sin saber lo que había fundido, mientras las constructoras seguían comprando sin saber lo que estaban instalando, la Datsun blanca seguía estacionada en la calle Aldama. Los niños seguían jugando. Doña Lucina seguía platicando con sus vecinas. Vicente seguía viviendo su vida sin saber que había liberado algo que ya no podía controlarse.

Y en Los Álamos, Nuevo México, a mil trescientos kilómetros al norte, los detectores de radiación más sensibles del hemisferio occidental seguían monitoreando el tráfico que pasaba cerca del laboratorio nacional donde se había diseñado la primera bomba atómica. Era rutina. Era protocolo. Era lo que esos detectores hacían todos los días sin que nadie les prestara atención particular.

Hasta que el 16 de enero de 1984, esos detectores dejaron de ser rutina.

CAPÍTULO 2
Entre Manuales y Silencios

Fort Worth, Texas. Noviembre de 1977. El doctor Abelardo Lemus Rocha tenía cincuenta y dos años cuando entró a la oficina de ventas de equipo médico usado en la calle Commerce. Era un local pequeño pero respetable, del tipo que vende aparatos que los hospitales grandes reemplazan cuando llegan modelos más nuevos. Electrocardiógrafos de segunda mano, mesas quirúrgicas con garantía limitada, lámparas de cirugía con el esmalte descascarado. Equipo funcional a precio de quien entiende que lo nuevo no siempre es necesario cuando lo viejo todavía sirve.

El doctor Lemus buscaba algo específico: una máquina de radioterapia. El Centro Médico de Especialidades de Ciudad Juárez —del cual era accionista mayoritario— necesitaba expandir sus servicios oncológicos. Una máquina de cobalto-60 costaría, nueva, entre quince y veinte mil dólares. Usada podía conseguirse por menos de la mitad. Era una decisión de negocios sensata. El problema no estaba en comprar una máquina usada. El problema estaba en lo que vendría después.

El vendedor le mostró una Picker C-3000. Verde militar. Robusta. Había sido utilizada en un hospital de Dallas durante ocho años y estaba siendo vendida porque el hospital había actualizado a un modelo más nuevo con sistemas de seguridad mejorados. La Picker funcionaba perfectamente, le aseguró el vendedor. La fuente de cobalto-60 todavía tenía años de vida útil. Los controles operaban bien. El blindaje estaba intacto. Precio: cinco mil dólares, incluyendo todos los componentes.

El doctor Lemus preguntó si incluía todo lo que tenía. El vendedor tardó un segundo en responder antes de confirmar que sí. Luego añadió algo que debería haber sido una señal de advertencia:

el registro de la fuente radiactiva tendría que tramitarlo el comprador con la comisión regulatoria de su país. El doctor Lemus asintió. Sabía exactamente lo que eso significaba.

Sabía que para importar legalmente una máquina de radioterapia a México tenía que obtener autorización de la Comisión Nacional de Seguridad Nuclear y Salvaguardias. Tenía que notificar al Instituto Nacional de Energía Nuclear. Tenía que demostrar que el hospital receptor contaba con instalaciones aptas, personal certificado y protocolos de seguridad radiactiva. Era un proceso burocrático diseñado para crear un registro oficial de cada fuente de radiación en el país, para saber en cualquier momento dónde estaba cada máquina, quién la operaba, en qué condiciones. El doctor Lemus conocía ese proceso y decidió no seguirlo. No porque no supiera que existía, sino porque sabía que cumplirlo implicaba tiempo, inspecciones, papeleos, posibles negativas. Y él ya había decidido que esa máquina iba a estar en su hospital.

Sacó los cinco mil dólares, los contó sobre el escritorio del vendedor y firmó el recibo de compra. Al día siguiente, un sábado de noviembre de 1977, cruzó la frontera de Ciudad Juárez en su propio vehículo con la Picker C-3000 desarmada en piezas dentro de la cajuela y el asiento trasero. Ningún agente aduanal preguntó qué traía. El doctor Lemus no ofreció explicaciones. Cruzó sin problemas. Y esa decisión —ese cruce silencioso de una frontera con una fuente de radiación nuclear sin registro, sin permiso, sin notificación a ninguna autoridad— fue el primer eslabón de la cadena que terminaría con seis mil seiscientas toneladas de acero contaminado distribuidas por un continente.

El lunes siguiente llegó al Centro Médico de Especialidades y llamó al jefe de mantenimiento. Le dijo que había adquirido equipo nuevo y que necesitaba guardarlo en el sótano hasta que llegara el técnico especializado que iba a instalarlo. El jefe de mantenimiento preguntó qué tipo de equipo era. El doctor Lemus respondió que era una máquina de radioterapia. No dijo que contenía cobalto-60. No dijo que era una fuente de radiación activa. No dijo que cualquiera que pasara demasiado tiempo cerca de ella estaría siendo irradiado. No lo dijo porque decirlo habría generado preguntas, y las preguntas habrían llevado a más preguntas: ¿Está registrada? ¿Tiene permiso de importación? ¿La CNSNS sabe que está aquí? El doctor Lemus decidió que la manera más simple de evitar esas preguntas era no generar las condiciones para que se hicieran.

La máquina fue bajada al sótano y colocada al fondo de una bodega de almacenamiento. Sin señalización, sin advertencias, sin una calavera, sin un letrero que dijera lo que era o lo que contenía. Y ahí se quedó.

De 1977 a 1983, la Picker C-3000 estuvo en ese sótano sin ningún registro oficial. Seis años en los que nadie en el gobierno de México supo que esa máquina existía. Seis años en los que cualquier persona que entrara a esa bodega a buscar algo —un médico, una enfermera, un trabajador de limpieza, un técnico de mantenimiento— estaba siendo irradiada sin saberlo. En la bodega del sótano del Centro Médico de Especialidades, la vida transcurría con la normalidad opaca de los espacios olvidados. Los empleados de limpieza bajaban a buscar trapeadores. Los técnicos de mantenimiento iban a buscar herramientas. Los médicos nunca bajaban. Los médicos no bajan a los sótanos.

Pero los que sí bajaban —los trabajadores— pasaban cerca de la máquina verde sin saber lo que era. Algunos preguntaban. "¿Y eso qué es?" "No sé. Algo que ya no sirve." "¿Y por qué no lo sacan?" "Porque no es tu problema." Esa fue la respuesta que recibió Arturo Delgado, un técnico de mantenimiento que trabajó en el hospital entre 1980 y 1982. Lo contaría años después en una entrevista que nunca fue publicada pero que quedó archivada en los expedientes de la averiguación previa que la PGR abrió en 1984 y selló ese mismo año como secreto de Estado.

Arturo recordaba que la máquina estaba cubierta con una lona, que había cajas apiladas frente a ella, que parecía algo que alguien había querido olvidar. Arturo trabajó tres años en ese hospital. En 1991, a los cuarenta y dos años, le diagnosticaron leucemia mieloide aguda. Murió ocho meses después. Su viuda intentó demandar al hospital. Le dijeron que no podía probar relación causal entre el trabajo de su esposo y la enfermedad, que la leucemia tiene muchos factores, que su esposo fumaba, que no tenía caso. La viuda de Arturo Delgado dejó de insistir. No tenía dinero para un abogado que peleara contra el hospital privado más antiguo del estado de Chihuahua.

Mientras Arturo trabajaba en ese sótano sin saber lo que había ahí, existe un documento en los archivos de la SEMIP que revela más por lo que calla que por lo que dice. Es un memorando interno fechado en marzo de 1982, cinco años después de que la máquina cruzara la frontera, un año antes del desastre. El memorando es una solicitud de la CNSNS a la oficina del Oficial Mayor para autorización de presupuesto adicional destinado a "ampliar el programa de inspecciones a instalaciones médicas privadas en estados fronterizos." La solicitud incluye una lista de hospitales que serían inspeccionados en el ejercicio fiscal siguiente. El Centro Médico de Especialidades de Ciudad Juárez no aparece en la lista. El memorando fue firmado por el jefe de área de Instalaciones Nucleares de la CNSNS y fue archivado sin respuesta por la oficina del Oficial Mayor. Archivado. Sin respuesta. Sin explicación. Simplemente archivado.

La pregunta es simple: ¿Por qué la CNSNS nunca realizó ninguna inspección al Centro Médico de Especialidades entre 1977 y 1983? ¿Por qué una institución cuyo mandato explícito era mantener un registro de todo el material radiactivo en México nunca fue a verificar qué había en ese hospital fronterizo? La respuesta no está en negligencia. Está en arquitectura.

La Comisión Nacional de Seguridad Nuclear y Salvaguardias dependía de la Secretaría de Energía, Minas e Industria Paraestatal —la SEMIP— que era dirigida, en sus operaciones cotidianas, por su Oficial Mayor. En 1977, cuando la Picker C-3000 cruzó la frontera en el carro del doctor Lemus, el Oficial Mayor de la SEMIP era un hombre llamado Clemente Licón Baca. Empresario, funcionario público y accionista del Centro Médico de Especialidades de Ciudad Juárez. El mismo hospital. El mismo hospital donde estaba guardada la máquina.

Léelo de nuevo, despacio, porque el peso de esa coincidencia se entiende mejor la segunda vez: el hombre que dirigía la secretaría que encabezaba la única institución del Estado mexicano con autoridad legal para detectar, investigar y sancionar la importación ilegal de material nuclear era socio de negocios del hombre que había importado ilegalmente material nuclear. El vigilante y el vigilado compartían mesa en el Consejo de Administración. No era una coincidencia. Era una arquitectura.

Clemente Licón Baca había llegado a la SEMIP con credenciales impecables: experiencia en administración, contactos en la industria energética, una reputación de eficiencia cuidadosamente cultivada en círculos donde la reputación era el activo más valioso que un hombre podía tener. Pero había algo que el proceso de nombramiento no había verificado con el rigor necesario: si Licón Baca había abandonado por completo sus actividades privadas al asumir el cargo público, si existía algún conflicto de interés entre sus responsabilidades gubernamentales y sus participaciones empresariales, si el hombre encargado de regular la industria nuclear en México tenía intereses económicos en instituciones que debían ser reguladas.

El periodista Miguel Ángel Granados Chapa —uno de los columnistas más incómodos para el poder en el México de esa época— había documentado las irregularidades antes de que nadie relacionara los dos nombres con el desastre. Escribió sobre Licón Baca como un funcionario que "al parecer no había abandonado sus actividades privadas a pesar de su designación gubernamental." Señaló el gasto suntuario en las oficinas de la SEMIP como síntoma de algo más profundo: la fina cancelería, las alfombras carísimas que nadie había solicitado ni justificado, los muebles importados. Un funcionario que confundía el presupuesto público con sus preferencias personales de decoración.

Pero eso lo escribió Granados Chapa antes del desastre, cuando todavía parecía un asunto de buen gobierno y no de impunidad nuclear, cuando nadie había conectado todavía los dos nombres en el mismo párrafo con toda la fuerza de lo que esa conexión significaba. Después del desastre, la conexión se volvió imposible de ignorar. Y sin embargo fue ignorada.

Durante más de media década —de 1977 a 1983— la CNSNS no realizó ninguna inspección al Centro Médico de Especialidades. Cero. Ninguna. El expediente oficial de la CNSNS no registra ninguna visita de inspección al hospital entre esos años. Tampoco registra ninguna investigación interna sobre por qué esa visita nunca ocurrió. El organismo que debería haber preguntado no preguntó. Y el organismo que debería haber preguntado por qué no preguntó tampoco lo hizo.

En diciembre de 1983, seis años después de que la máquina cruzara la frontera sin registro, algo cambió. No porque alguien tomara conciencia del peligro, no porque la CNSNS apareciera de repente a realizar la inspección que debería haber hecho seis años antes, no porque el doctor Lemus decidiera, después de todo ese tiempo, hacer lo correcto. La situación cambió porque la máquina estorbaba. El hospital necesitaba el espacio del sótano para algo más, o alguien en la administración se cansó de ver ese armatoste verde acumulando polvo, o alguien hizo el cálculo de que una máquina que nunca había sido registrada, que no existía en ningún inventario oficial, que para el Estado mexicano técnicamente no estaba ahí, podía ser deshecha de la manera más simple disponible: vendiéndola como chatarra.

La decisión fue tomada en una reunión del Consejo de Administración del hospital. No hay acta de esa reunión. No hay registro de quién propuso exactamente qué. Lo que sí hay es una instrucción que bajó por la cadena de mando hasta llegar al jefe de mantenimiento, y del jefe de mantenimiento a Vicente Sotelo Alardín. Esa instrucción verbal "saca los fierros del sótano" fue el último eslabón de la cadena que conecta la ambición de 1977 con la catástrofe de 1983.

Hay una pregunta que el expediente de la CNSNS plantea sin responder, una pregunta que persiste incluso después de revisar todos los documentos, todos los testimonios, todas las declaraciones públicas: ¿Cuánto sabía el doctor Lemus sobre lo que pasaría cuando ordenó sacar esa máquina? ¿Sabía que la fuente de cobalto seguía dentro? ¿Sabía que más de media década de almacenamiento sin mantenimiento podían haber comprometido el blindaje? ¿Sabía que ordenarle a un técnico de mantenimiento sin entrenamiento radiológico que desmantelara esa máquina era poner en sus manos una bomba que no sabía que era bomba?

El doctor Lemus nunca respondió esas preguntas. No porque no se las hicieran, sino porque nunca fue obligado legalmente a responderlas.

En marzo de 1984, dos meses después de que el desastre se hiciera público, el doctor Lemus dio una conferencia de prensa en el vestíbulo del Centro Médico de Especialidades. Había periodistas de Juárez, de Chihuahua, de El Paso. El doctor Lemus leyó una declaración preparada en la que explicó que el hospital había adquirido la máquina "en condiciones legales" a través de un proveedor estadounidense certificado. No mencionó que la máquina nunca fue registrada en México. No mencionó que cruzó la frontera en su vehículo particular sin permisos. No mencionó que estuvo seis años sin registro en el sótano del hospital. Dijo que la máquina había sido retirada por un empleado sin autorización. Dijo que el hospital había actuado "con toda la diligencia debida." Dijo que lamentaba profundamente lo ocurrido.

Y luego dijo la frase que quedaría registrada en todos los reportajes de Proceso como el resumen perfecto de su posición: "No somos culpables de los actos de un empleado desleal."

Uno de los periodistas preguntó si el hospital había notificado alguna vez a la CNSNS sobre la existencia de esa máquina. El doctor Lemus respondió que eso era "información sujeta a proceso legal" y que no podía comentar más. Otro periodista preguntó si sabía que su socio Clemente Licón Baca era Oficial Mayor de la SEMIP. El doctor Lemus respondió que las inversiones privadas del señor Licón Baca no eran de su incumbencia. Nadie preguntó si eso no era precisamente el problema. La conferencia terminó. El doctor Lemus salió por la puerta trasera y nunca volvió a hablar públicamente del tema.

Mientras tanto, a ochocientos kilómetros de distancia, Vicente Sotelo Alardín —el hombre que había obedecido la orden de desmantelar esa máquina— vivía su vida sin saber que en unos meses la policía tocaría a su puerta, que sería interrogado durante horas sin abogado, que sería presionado en una sala de juntas del hospital hasta firmar una confesión que no entendía completamente, que años después del incidente —en 1990, cuando la mayoría de la gente ya había olvidado el cobalto— sería arrestado, que pasaría tres años en el Cereso de Ciudad Juárez, que en la cárcel los otros presos le pondrían un apodo que Vicente cargaría el resto de su vida como marca de algo que no había causado pero por lo que estaba pagando: El Cobalto.

Vicente sería el único procesado penalmente en toda esta historia. El único que pagaría por decisiones que no tomó, por órdenes que no dio, por una máquina que nunca debió estar en ese sótano sin registro, sin advertencias, sin ninguna señal de lo que contenía. Mientras Vicente dormía tranquilo esa noche del 6 de diciembre de 1983, el doctor Abelardo Lemus Rocha —el hombre que había comprado esa máquina en Texas en 1977, que la había cruzado ilegalmente en su propio vehículo, que la había guardado sin registro en ese sótano durante seis años, que nunca colocó una sola advertencia en la bodega, que decidió en diciembre de 1983 que esa máquina tenía que salir— también dormía tranquilo.

El doctor Lemus nunca sería arrestado. Nunca pasaría un día en prisión. Nunca tendría que explicar ante un juez por qué cruzó esa frontera con una fuente de cobalto-60 en su cajuela. Nunca perdería su licencia médica. Nunca perdería su participación en el hospital. Nunca respondería legalmente por las decisiones que tomó entre 1977 y 1983.

Y Clemente Licón Baca —el Oficial Mayor de la SEMIP que supervisaba la institución que debería haber inspeccionado el hospital del cual era accionista— tampoco sería investigado. No habría ninguna averiguación sobre el conflicto de interés. No habría ninguna auditoría sobre por qué el Centro Médico de Especialidades nunca fue inspeccionado entre 1977 y 1983. No habría ninguna consecuencia profesional. Ninguna sanción administrativa. Ningún proceso legal.

El sistema protegió a quien tenía que proteger. Y culpó a quien era más fácil culpar. Esa es la arquitectura que hizo posible el desastre. No la ignorancia. No la mala suerte. No el azar. Sino la construcción deliberada de un sistema donde las personas con poder podían tomar decisiones sin consecuencias, donde los controles existían en el papel, pero no en la práctica, donde el vigilante y el vigilado compartían intereses económicos y nadie consideraba que eso pudiera ser un problema hasta que ya era demasiado tarde.

CAPÍTULO 3
El Desmantelamiento

El Yonke Fénix ocupaba tres hectáreas en la periferia industrial de Ciudad Juárez y era exactamente lo que su nombre sugería: un lugar donde las cosas llegaban al final de su vida útil y se transformaban en otra cosa. Metal retorcido en pilas de cinco metros, coches aplastados, refrigeradores sin puertas, lavadoras descuartizadas, el olor permanente a aceite quemado y óxido que tienen todos los cementerios de metal del mundo. El dueño se llamaba Ramón Estrada. Tenía sesenta y dos años en diciembre de 1983 y llevaba treinta años en el negocio de la chatarra. Había visto pasar por su yonke todo lo que una ciudad fronteriza descarta: desde bicicletas oxidadas hasta maquinaria industrial que alguna maquiladora decidió que ya no servía.

No preguntaba mucho sobre el origen de las cosas. Esa falta de curiosidad no era negligencia, era parte del modelo de negocio. La gente que vende chatarra no siempre tiene papeles que demuestren de dónde salió lo que venden, y hacer demasiadas preguntas hace que esa gente lleve su chatarra a otro lado. La mañana del 6 de diciembre de 1983, Vicente Sotelo y Ricardo Hernández llegaron con la Datsun cargada de metal del hospital. Ramón los recibió como recibía a todos: sin comentarios, con eficiencia.

Examinó el metal. Una máquina verde desarmada en piezas. Mucho acero. Un cilindro compacto que pesaba más de lo que parecía. "¿Qué es?" preguntó Ramón. "Del hospital", respondió Vicente. "Máquina vieja que ya no sirve." Ramón asintió. La conversación terminó ahí. Pesaron el metal: ciento doce kilos. Ramón pagó según la tarifa estándar para acero ferroso: mil quinientos pesos. Vicente firmó en el cuaderno escolar que Ramón usaba para registrar las entregas. Nombre. Fecha. Peso. Precio. Vicente se fue. Para él, el asunto estaba cerrado. Para el Yonke Fénix, el asunto acababa de empezar.

El Yonke Fénix usaba grúas electromagnéticas industriales para mover la chatarra: electroimanes enormes montados en brazos articulados que podían levantar toneladas de metal en una sola pasada y depositarlas en contenedores clasificados según tipo y calidad. Era un sistema eficiente diseñado para separar y organizar. Pero en este caso, funcionó exactamente al revés. Cada vez que el electroimán pasaba cerca de los gránulos de cobalto-60 que habían quedado sueltos cuando Vicente forzó el cilindro, la energía magnética los arrastraba junto con el resto del metal ferroso. Los gránulos se pegaban al imán, viajaban suspendidos hasta el siguiente contenedor, se desprendían cuando el imán se apagaba, caían mezclados con chatarra de otro origen. Y en la siguiente pasada, otro electroimán los recogía y los llevaba a otro contenedor. Era una dispersión perfectamente aleatoria y eficiente.

El hombre que operaba la grúa principal se llamaba Benjamín de la Rosa. Tenía cincuenta y nueve años y llevaba veintidós años trabajando en el Yonke Fénix. Conocía cada palanca de esa grúa como conocía los dedos de su mano, podía calcular el peso de una carga con solo mirarla, sabía exactamente dónde posicionar el electroimán para que la carga se levantara sin desequilibrarse. La semana del 6 de diciembre fue una semana como cualquier otra para Benjamín. Operó la grúa sobre el lote del hospital exactamente como operaba la grúa sobre todos los lotes. Cada pasada del electroimán recogía algunos gránulos de cobalto-60 adheridos al imán desde horas antes y los depositaba en otro contenedor.

Benjamín no sabía que estaba distribuyendo material radiactivo por todo el patio del yonke. No podía saberlo. La radiación no hace ruido, no tiene olor, no deja marcas visibles en el metal. Durante esa semana, Benjamín pasó aproximadamente cuarenta horas operando la grúa cerca de material contaminado. Cuarenta horas de exposición acumulada. No sintió nada diferente. No desarrolló síntomas inmediatos. Siguió trabajando como siempre.

En 1991 —siete años después— Benjamín de la Rosa fue diagnosticado con cáncer en los huesos. Un tipo agresivo. Poco común. Murió ocho meses después del diagnóstico. Su familia intentó conectar su muerte con el cobalto, intentó demandar, pero les dijeron que era imposible probar relación causal sin los expedientes médicos de 1984 que se habían perdido cuando cerraron el programa de seguimiento. Sin expedientes, no había caso. Sin caso, no había compensación. La familia de Benjamín de la Rosa enterró a su padre y siguió viviendo.

El 9 de diciembre de 1983 —tres días después de que Vicente vendiera el metal— un camión con placas de Chihuahua llegó al Yonke Fénix. El camión pertenecía a Aceros de Chihuahua, S.A. de C.V., conocida como ACHISA. Era una relación comercial establecida. ACHISA compraba chatarra del Yonke Fénix regularmente: cinco, seis toneladas por viaje, metal ferroso de todo tipo para fundir y convertir en varilla de construcción. Ese día se llevaron cinco toneladas. Entre esas cinco toneladas estaba el cilindro perforado que Vicente había desmontado y los gránulos de cobalto-60 que se habían mezclado con el resto de la chatarra.

El camionero se llamaba Esteban Ruiz. Cuarenta y tres años. Veinte años conduciendo para ACHISA. Era un trabajo como cualquier otro: recoger chatarra en Juárez, llevarla a Chihuahua, descargar, regresar. Carretera federal 45 rumbo sur. Trescientos setenta kilómetros. Cinco horas de camino. Esteban pasó esas cinco horas sentado a menos de tres metros de la chatarra contaminada en la caja del camión. La radiación gamma atraviesa el metal, atraviesa el vidrio de la cabina, atraviesa la ropa. Esteban llegó a ACHISA a las cuatro de la tarde, descargó, firmó, se fue a su casa, cenó con su familia y durmió sin saber que había transportado el material que convertiría a México en el país con la mayor dispersión de acero radiactivo del continente.

ACHISA ocupaba dieciocho hectáreas en la periferia norte de Chihuahua capital. Tres hornos de arco eléctrico. Capacidad de producción: cuarenta mil toneladas de acero al año. La chatarra del Yonke Fénix fue depositada en el patio de acopio junto con chatarra de otros proveedores. ACHISA no tenía detectores de radiación en 1983. No era negligencia específica de esa fundidora: ninguna fundidora mexicana tenía detectores de radiación en sus puntos de entrada. No era procedimiento estándar. No estaba en las regulaciones. No era parte del proceso de calidad. La chatarra llegaba, se pesaba, se procesaba.

El 14 de diciembre de 1983 —ocho días después de que Vicente desmontara la Picker C-3000— el turno de noche de ACHISA cargó el primer lote de chatarra del Yonke Fénix en el horno número dos. El cobalto-60 tiene un punto de fusión de mil cuatrocientos noventa y cinco grados Celsius. Los hornos de arco eléctrico de ACHISA operan a mil quinientos cincuenta grados. El cobalto se fundió. Pero fundirse no es lo mismo que neutralizarse.

El cobalto-60 fundido sigue siendo cobalto-60. Sigue emitiendo radiación gamma. Sigue teniendo una vida media de 5.27 años. Solo que ahora, en lugar de estar contenido en gránulos separados, estaba distribuido uniformemente en el acero líquido.

Cuando el acero se enfrió y solidificó en barras de varilla corrugada, el cobalto quedó integrado en la estructura molecular del metal. Cada barra llevaba cobalto adentro. Cada barra emitía radiación. Invisible, inodora, silenciosa. Lista para ser vendida como material de construcción.

Entre el 14 de diciembre de 1983 y el 3 de enero de 1984 —veinte días— ACHISA produjo seis mil seiscientas toneladas de varilla corrugada contaminada. Seis mil seiscientas toneladas distribuidas a dieciséis estados de la República Mexicana: Chihuahua, Sonora, Sinaloa, Baja California, Baja California Sur, Coahuila, Nuevo León, Durango, San Luis Potosí, Zacatecas, Jalisco, Guanajuato, Querétaro, Hidalgo, Tamaulipas, Estado de México. Cada estado tenía distribuidores regionales. Cada distribuidor vendía a ferreterías locales. Cada ferretería vendía a constructores. Cada constructor usaba la varilla en obras: casas de interés social donde familias criarían hijos, hospitales públicos donde se atendería a enfermos, escuelas primarias donde estudiarían niños, edificios de gobierno donde trabajarían funcionarios, obras privadas de todo tipo.

Nadie preguntaba si la varilla estaba contaminada. ¿Por qué preguntarían? Tenía certificado de calidad de ACHISA. Cumplía especificaciones técnicas. Venía con factura. Era acero común para construcción.

Mientras ACHISA producía varilla, en Ciudad Juárez otra empresa procesaba chatarra del mismo origen. La maquiladora Falcón de Juárez fabricaba bases metálicas para mesas y compró metal del Yonke Fénix en las mismas fechas que ACHISA. Entre diciembre de 1983 y febrero de 1984, Falcón produjo aproximadamente treinta mil bases metálicas para mesas. La mayoría fueron exportadas a Estados Unidos: St. Louis, Dallas, Phoenix, Los Angeles. Las bases llegaron a restaurantes de cadena, fondas familiares, cafeterías de hospital, comedores escolares. Familias desayunaban. Meseros limpiaban. Cocineros pasaban ocho horas diarias sin saber que las mesas donde trabajaban emitían niveles bajos pero detectables de radiación.

El metal brillaba igual que cualquier otro metal. Nada visible lo distinguía. La única diferencia era invisible. Y lo invisible no se puede detectar sin instrumentos. Los instrumentos estaban en un solo lugar que nadie había previsto que importaría: el Laboratorio Nacional de Los Álamos, Nuevo México, donde se diseñó la primera bomba atómica, donde los detectores de radiación más sensibles del hemisferio occidental operaban veinticuatro horas al día monitoreando amenazas nucleares.

Pero antes de que esos detectores se activaran, la varilla siguió viajando. En Monterrey, un constructor llamado Roberto Torres compró quinientas toneladas de varilla de ACHISA para un proyecto de vivienda en la colonia Independencia. Las casas se vendieron en marzo de 1984. Familias se mudaron. Los niños estrenaron recámaras. Las madres colgaron cortinas en ventanas que daban a patios donde el piso de concreto armado con varilla contaminada emitía radiación que nadie medía porque nadie sabía que había algo que medir.

En Culiacán, Sinaloa, el hospital general inauguró en julio de 1984 una nueva ala de pediatría. Había sido un proyecto de años. El gobernador vino a la ceremonia de inauguración. Cortó el listón. Los niños del coro de la escuela primaria cantaron el himno nacional. Las enfermeras estrenaron uniformes blancos. Los médicos inspeccionaron las instalaciones con orgullo. Nadie llevó un detector de radiación porque nadie tenía razón para pensar que fuera necesario.

En septiembre de 1984 —dos meses después de la inauguración— inspectores de la CNSNS llegaron con detectores de radiación. Midieron niveles anormales en dos aulas del ala norte. Veinte milirems por hora. No extremadamente alto, pero por encima de los límites permitidos para exposición continua de menores de edad. El ala de pediatría fue evacuada. Los pacientes fueron trasladados a otros hospitales de la región. Y el edificio que había costado años de gestiones y millones de pesos fue demolido ocho meses después de haber sido inaugurado.

Cincuenta toneladas de varilla contaminada fueron extraídas del concreto, transportadas al desierto y enterradas en Samalayuca. El hospital nunca reconstruyó el ala de pediatría. No había más presupuesto. El espacio quedó como lote baldío dentro del complejo hospitalario, cercado con malla ciclónica, con un letrero descolorido que decía "Área en remodelación." La remodelación nunca llegó. El lote sigue baldío en 2024, cuarenta años después de la demolición: un rectángulo de concreto agrietado donde ocasionalmente se estacionan ambulancias cuando el estacionamiento oficial está lleno.

Esa es la metástasis. No la dispersión inicial del cobalto desde el Yonke Fénix a ACHISA, sino la dispersión secundaria: de ACHISA a dieciséis estados, de dieciséis estados a cientos de obras, de cientos de obras a miles de estructuras donde familias vivían sin saber que el acero bajo sus pies emitía radiación. Una dispersión perfectamente eficiente para la que nadie había diseñado un protocolo de contención, porque nadie había previsto que algo así pudiera pasar.

La medianoche del 31 de diciembre de 1983, dieciséis estados de México celebraron el Año Nuevo. Familias brindaron. Niños lanzaron cohetes. La gente se abrazó y se deseó feliz año con la esperanza ordinaria de quien no sabe lo que viene. En muchas de esas casas —nadie sabe cuántas exactamente, porque el rastreo nunca fue completo— las columnas habían sido armadas con varilla de ACHISA, los muros habían sido reforzados con esa varilla, las losas habían sido sostenidas con esa varilla. Familias brindaban dentro de estructuras que emitían radiación.

No lo sabían porque no había manera de saberlo sin detectores especializados. Y no había detectores en las casas. No había inspectores revisando cada obra. No había programa de registro que permitiera rastrear cada barra de varilla desde la fundidora hasta la construcción final. El registro no existía. Y cuando el desastre se descubrió —semanas después, cuando un camionero se perdió en Nuevo México y pasó frente a Los Álamos— el gobierno enfrentaría una decisión imposible: ¿Demoler todas las casas contaminadas? ¿Evacuar a todas las familias afectadas? ¿Decirles la verdad completa sobre lo que estaba pasando? ¿O administrar la información cuidadosamente para evitar el pánico?

Los próximos meses revelarían qué decisión tomó el sistema. Pero antes de entender cómo el gobierno manejó el descubrimiento, hay que entender cómo fue descubierto. Por un error. Por un camionero perdido. Por una ruta equivocada. Por un detector que no debía activarse ese día pero se activó en el lugar menos esperado y en el momento más inconveniente. O más conveniente, según quién cuente la historia.

Porque sin ese error, sin ese giro equivocado, el cobalto habría seguido viajando en silencio. Las familias habrían seguido viviendo en casas contaminadas sin saberlo. Los niños habrían seguido jugando en la calle Aldama junto a la Datsun blanca. Y nadie habría sabido nada hasta que los cánceres empezaran a aparecer años después, sin conexión obvia con una camioneta, con una máquina, con un hospital, sin manera de probar que lo que pasó en diciembre de 1983 tuvo algo que ver con lo que pasaría en 1990, 1995, 2000.

Pero el detector sí sonó. Y cuando sonó, reveló todo. O casi todo. Porque lo que la estructura institucional decidió hacer con esa información es otra historia: una historia de decisiones que se tomaron en salas sin ventanas, de reuniones sin actas, de prioridades que se establecieron sin consultar a quienes pagarían el precio.

CAPÍTULO 4
La Dosis

El Laboratorio Nacional de Los Álamos está a doce kilómetros de la carretera principal que conecta Albuquerque con Santa Fe, en Nuevo México. No es un lugar al que se llega por accidente. Es un complejo de investigación científica rodeado de desierto con perímetros de seguridad concéntricos, guardias armados en las entradas y sistemas de vigilancia que fueron diseñados durante la Guerra Fría y que nunca dejaron de funcionar. Es donde se diseñó la primera bomba atómica, donde Oppenheimer coordinó el Proyecto Manhattan, donde la física teórica se convirtió en amenaza geopolítica. Y es, también, el lugar donde se instalaron los detectores de radiación más sensibles del hemisferio occidental.

Esos detectores fueron calibrados para detectar amenazas nucleares soviéticas, para registrar cualquier anomalía radiactiva en un radio de varios kilómetros, para alertar si algo —un misil, un cargamento de uranio enriquecido, un dispositivo portátil— se acercaba con niveles de radiación superiores al fondo natural. El sistema estaba diseñado para detectar armas. Nadie imaginó que detectaría varilla de construcción.

El 16 de enero de 1984, a las once y cuarenta y tres de la mañana, los monitores de radiación del Laboratorio Nacional de Los Álamos registraron una anomalía. No era una anomalía mayor, no era el tipo de lectura que indicara peligro inmediato, era simplemente una elevación estadística fuera de rango. El técnico de turno —un físico de treinta y ocho años llamado David Martínez García, ciudadano estadounidense nacido en El Paso— revisó los datos dos veces antes de reportarlo a su supervisor. Los números eran claros. La fuente no estaba dentro del laboratorio. Estaba afuera. En movimiento. En la carretera.

David salió al estacionamiento con un medidor Geiger portátil. La lectura aumentaba conforme se acercaba a la entrada principal del complejo. Y entonces vio el camión: placas de Chihuahua, México, caja de carga cubierta con lona. El camión pasó frente a la entrada del laboratorio sin detenerse, seguía su ruta, el conductor no tenía idea de dónde estaba. David corrió hacia la caseta de seguridad. "Hay que detener ese camión."

Dos patrullas de seguridad salieron detrás del camión mexicano y lo alcanzaron tres kilómetros después. Le ordenaron detenerse. El conductor —un hombre de cuarenta y siete años llamado José Campos, residente de Ciudad Juárez, empleado de una empresa de transporte que trabajaba para ACHISA— bajó de la cabina sin entender qué estaba pasando. No había hecho nada ilegal. No había cruzado ninguna frontera sin documentos. Solo se había perdido en su ruta y había tomado un camino que parecía llevarlo de vuelta a la carretera principal.

Los agentes de seguridad del laboratorio midieron la carga con detectores portátiles. Los instrumentos emitieron un sonido agudo, constante, insistente. José Campos no entendía qué significaba ese sonido, no entendía por qué los agentes retrocedían, no entendía por qué le pedían que no se acercara a su propia carga.

"¿Qué lleva en el camión?" le preguntaron.

"Varilla. Para construcción."

"¿De dónde viene?"

"De Chihuahua. De ACHISA."

"¿A dónde va?"

"A Texas. A un distribuidor en San Antonio."

Los agentes se miraron entre ellos. Uno de ellos habló por radio. José Campos esperó junto a su camión durante tres horas mientras personal especializado del laboratorio realizaba mediciones

46

detalladas de la carga. Las lecturas eran inequívocas: la varilla estaba contaminada con cobalto-60. No toda la varilla, pero suficiente como para que los detectores del laboratorio —calibrados para amenazas a kilómetros de distancia— la registraran desde la carretera.

A las tres de la tarde, los agentes informaron a José Campos que su carga estaba confiscada temporalmente, que no podía continuar su ruta, que tendrían que notificar a las autoridades mexicanas. José preguntó si había hecho algo mal. Le dijeron que no, que el problema no era él, era lo que llevaba. José Campos pasó esa noche en un motel de carretera en Española, Nuevo México, pagado por el Departamento de Energía de Estados Unidos, sin entender completamente lo que había descubierto, sin saber que acababa de activar la alarma que revelaría el mayor desastre radiactivo de América Latina, sin saber que su error de navegación —tomar el camino equivocado en una bifurcación mal señalizada— era el único mecanismo de detección que había funcionado. Porque la estructura mexicana de seguridad nuclear no había detectado nada.

El 18 de enero de 1984, dos días después del incidente en Los Álamos, el teléfono sonó en las oficinas de la Comisión Nacional de Seguridad Nuclear y Salvaguardias en la Ciudad de México. Era una llamada internacional del Departamento de Salud del estado de Texas. El mensaje era técnico, preciso, urgente: se había detectado contaminación radiactiva por cobalto-60 en varilla corrugada para construcción procedente de la empresa Aceros de Chihuahua, S.A. de C.V., de procedencia mexicana. La información había sido confirmada por la Comisión Regulatoria Nuclear de Estados Unidos. El radioisótopo identificado era cobalto-60. Los niveles detectados superaban los límites permitidos para material de construcción. Solicitaban investigación inmediata del origen de la contaminación.

La llamada fue recibida por el ingeniero Hermenegildo Maldonado Mercado, jefe del área de Instalaciones Nucleares de la CNSNS. Maldonado Mercado colgó el teléfono, miró el calendario —18 de enero, miércoles— y convocó una reunión de emergencia para esa misma tarde. El asunto y minuta de esa reunión no está documentada en actas oficiales. Lo que sí está documentado es lo que no se hizo: no se emitió ninguna alerta pública ese día, ni al día siguiente, ni durante los siguientes ocho días.

Del 18 al 26 de enero de 1984 —ocho días completos— el gobierno mexicano supo que había material radiactivo fuera de control en algún lugar del país y no lo dijo. No emitió comunicados de prensa. No alertó a las autoridades de salud de los estados donde podría estar distribuida la varilla. No notificó a los hospitales que estaban en construcción con material de ACHISA. No evacuó a las familias que vivían en casas construidas con esa varilla. No le dijo nada a los vecinos de la calle Aldama en Ciudad Juárez, que seguían viviendo junto a la Datsun blanca de Vicente Sotelo sin saber que esa camioneta emitía niveles de radiación letales.

La decisión de no informar fue deliberada, fue coordinada, fue sostenida durante ocho días. Y el ingeniero Maldonado Mercado explicaría después, en una entrevista con la revista Proceso, la lógica detrás de esa decisión con una frase que resume mejor que cualquier documento oficial la prioridad del gobierno mexicano en enero de 1984: "Ha habido más reserva de la deseable. Pero se debe al temor de las autoridades ante alguna prensa alarmista que pudiera tergiversar las informaciones. De hecho, la prensa ha buscado sangre en este accidente."

La prensa buscaba sangre. Esa fue la explicación oficial para el silencio. No que la información fuera falsa, no que los datos fueran inexactos, no que no hubiera peligro, sino que la prensa —es decir, los periodistas que cubrían el mayor desastre radiactivo del continente— estaba buscando sangre. Como si la sangre fuera una construcción mediática. Como si las quemaduras por radiación de los trabajadores del Yonke Fénix fueran un invento periodístico. Como si los cánceres que vendrían después fueran tergiversación.

¿Qué hizo la CNSNS durante los ocho días que tardó en localizar la fuente de la contaminación? El expediente oficial documenta reuniones, llamadas telefónicas a ACHISA, coordinación con autoridades estatales de Chihuahua, solicitudes de listas de distribución de la varilla producida en diciembre. Lo que el expediente no documenta es ninguna comunicación pública, ninguna alerta a la población, ninguna advertencia a las personas que podrían estar viviendo o trabajando cerca de material contaminado.

El argumento institucional era que no se podía generar pánico sin tener información precisa sobre la ubicación exacta de la fuente, que emitir alertas generalizadas sin datos específicos causaría más daño que beneficio, que la CNSNS estaba trabajando lo más rápido posible para localizar el origen del problema. Ese argumento tiene una lógica interna que suena razonable hasta que te preguntas lo siguiente: ¿Cuántas personas estuvieron expuestas durante esos ocho días a radiación que el gobierno ya sabía que existía pero decidió no informar? ¿Cuántos trabajadores de ACHISA siguieron manipulando chatarra potencialmente contaminada sin protección durante esos ocho días? ¿Cuántos camioneros siguieron transportando varilla sin saber lo que llevaban? ¿Cuántas familias siguieron viviendo en casas con columnas contaminadas sin ninguna advertencia?

El expediente no responde esas preguntas. No porque las respuestas no existieran, sino porque nadie las hizo. O porque alguien decidió que era mejor no hacerlas.

El 26 de enero de 1984, una semana después de la notificación de Estados Unidos, personal de la CNSNS llegó a la colonia Altavista de Ciudad Juárez con medidores Geiger y trajes de protección parcial. Habían rastreado la chatarra del Yonke Fénix hasta el Centro Médico de Especialidades, del Centro Médico habían llegado a Vicente Sotelo, de Vicente Sotelo habían llegado a su domicilio en la calle Aldama, y de su domicilio, a la Datsun blanca que llevaba casi dos meses estacionada en el callejón.

Los medidores Geiger empezaron a sonar cuando los técnicos estaban todavía a cincuenta metros de distancia. El sonido era constante, agudo, insistente. A veinte metros, los instrumentos marcaban lecturas que superaban la capacidad de medición de los detectores portátiles. Los técnicos ordenaron evacuar la zona inmediatamente. Acordonaron la calle Aldama con cinta amarilla. Colocaron vallas metálicas en ambos extremos de la cuadra. Le dijeron a las familias que no podían acercarse a la Datsun. Que no podían tocar nada que hubiera estado dentro de la camioneta. Que no podían volver a sus casas hasta que se completara la descontaminación.

Las familias preguntaron cuánto tiempo tomaría la descontaminación. Les dijeron que no sabían. Las familias preguntaron dónde iban a dormir esa noche. Les dijeron que buscaran con familiares. Las familias preguntaron quién pagaría por el hospedaje temporal. Les dijeron que eso se vería después. La valla, al parecer, era considerada suficiente.

Agustín Villanueva tenía dieciséis años cuando la radiación lo marcó para siempre. Vivía en la colonia Altavista, estudiaba la preparatoria, jugaba fútbol los fines de semana, tenía una novia que se llamaba Leticia y soñaba con estudiar ingeniería. En diciembre de 1983, Agustín pasaba por la calle Aldama todos los días camino a su casa. A veces se detenía a platicar con los amigos que jugaban en la Datsun blanca. A veces se sentaba en el cofre a esperar a que Leticia saliera de su casa. Pasaba quince, veinte minutos ahí, varias veces por semana, durante cincuenta días.

En marzo de 1984, tres meses después de que la camioneta fue removida, Agustín empezó a sentir cansancio extremo, náuseas ocasionales, dolores de cabeza que no cedían con analgésicos. Su madre lo llevó al centro de salud. El médico le tomó la presión, le hizo preguntas de rutina, le recetó vitaminas, le dijo que descansara más. En junio, Agustín notó que las uñas de sus manos habían cambiado de color, de rosa pálido a gris oscuro, un gris que no se quitaba con ningún jabón. Volvió al centro de salud. Esta vez le hicieron análisis de sangre. Los resultados llegaron una semana después: azoospermia severa, ausencia completa de espermatozoides, daño irreversible en la médula ósea. Agustín tenía dieciséis años. Nunca podría tener hijos.

Cuando la CNSNS comenzó a rastrear a las víctimas de la exposición en la calle Aldama, Agustín fue identificado como uno de los casos más severos. Le hicieron más estudios, le explicaron que había estado expuesto a radiación, le explicaron que el daño era permanente, le dijeron que tendría que hacer revisiones médicas periódicas el resto de su vida. No le dijeron quién pagaría esas revisiones. No le dijeron si habría alguna compensación. No le dijeron si alguien sería responsabilizado por lo que le había pasado.

Agustín Villanueva aparece en el expediente de la CNSNS como "Caso No. 7." Edad: 16 años. Diagnóstico: Azoospermia por exposición a radiación ionizante. Pronóstico: Irreversible.

Seguimiento: Pendiente. El expediente no documenta qué pasó con Agustín después de 1984. No documenta si siguió yendo a sus revisiones médicas, si el Estado le proporcionó algún tipo de apoyo, si pudo terminar la preparatoria, si pudo estudiar ingeniería, si se casó con Leticia, si alguna vez le explicó a alguien que amaba por qué nunca podrían tener hijos. El expediente solo documenta la dosis. Y la dosis, sin el cuerpo que la recibió, es solo un número.

En el Centro de Salud de la colonia Altavista, el doctor Ramiro Castillo atendía un promedio de cuarenta pacientes por día: gripes, infecciones estomacales, diabetes, hipertensión, los problemas de salud estándar de un barrio pobre de la frontera. En febrero de 1984, el doctor Castillo comenzó a notar un patrón extraño. Varios pacientes con síntomas similares: náuseas persistentes sin causa aparente, caída de cabello, manchas en la piel, fatiga extrema. Todos vivían en la misma zona, todos en un radio de tres calles alrededor de la calle Aldama.

El doctor Castillo lo mencionó en una reunión del personal del centro de salud. Preguntó si alguien más había notado algo similar. La directora del centro le dijo que probablemente era un virus estacional, que no se preocupara demasiado, que si los síntomas persistían, derivara a los pacientes al hospital general. El doctor Castillo siguió la instrucción. Derivó a los pacientes. Archivó las historias clínicas.

Tres semanas después, cuando la CNSNS llegó a la colonia Altavista a hacer el rastreo de exposición, el doctor Castillo leyó en el periódico que la camioneta contaminada había estado en la calle Aldama. Sacó los expedientes. Revisó las direcciones. Todos los pacientes con síntomas extraños vivían a menos de cien metros de donde había estado la Datsun. El doctor Castillo llamó a la jurisdicción sanitaria, reportó sus observaciones, le dijeron que alguien de la CNSNS se pondría en contacto con él. Nadie lo contactó.

El doctor Castillo esperó una semana. Volvió a llamar. Le dijeron que su reporte había sido recibido y estaba siendo procesado. Nadie lo contactó. El doctor Castillo decidió no insistir más. Tenía cuarenta pacientes por día, tenía un salario que apenas alcanzaba, tenía una familia que mantener, no tenía tiempo para pelear con la burocracia federal. Años después, en una entrevista que nunca fue publicada pero que quedó archivada en los expedientes de investigación periodística sobre el caso, el doctor Castillo diría: "Yo sabía que algo estaba mal. Pero cuando reportas algo y nadie te hace caso, eventualmente dejas de reportar. No porque no te importe. Porque aprendes que importar no es suficiente."

Lucina Soto tenía cincuenta años en diciembre de 1983. Había vivido toda su vida en Ciudad Juárez, había criado cinco hijos en la colonia Altavista, dos de sus hijas se habían ido a Estados Unidos a trabajar. Doña Lucina se quedó en Juárez con sus otros tres hijos y sus nietos. La calle Aldama era su calle, la casa de block sin pintar era su casa, el callejón donde Vicente estacionó su Datsun era donde Doña Lucina platicaba con sus vecinas por las tardes. Se recargaba en el cofre de la camioneta. Era cómodo, era la altura justa, estaba a la sombra. Platicaba de sus nietos, de las deudas, del precio de las tortillas, de quién se había ido y quién había vuelto. Las conversaciones ordinarias de una vida ordinaria. Cincuenta días de tardes ordinarias recargada en un cofre que emitía ochocientos rads por hora.

En marzo de 1984, cuando la historia del cobalto salió en los noticieros, la hija de Doña Lucina que vivía en Texas la vio. Le habló inmediatamente a su hermana en Oklahoma. Las dos le hablaron a su madre.

"Usted no puede estar ahí. Tiene que salirse de esa casa."
"¿Por qué? Si aquí he vivido toda mi vida."

"Mamá, salió en las noticias. Esa camioneta donde usted se recargaba estaba contaminada. Tiene radiación."
"¿Radiación? ¿Y eso qué es?"

"Es peligroso, mamá. Muy peligroso. Puede enfermarla."
"Pero yo me siento bien."

Y era verdad. Doña Lucina se sentía bien. No tenía náuseas. No tenía dolores de cabeza. No tenía manchas en la piel. La radiación que había recibido no producía síntomas inmediatos en alguien de su edad. El daño estaba ahí, invisible, acumulándose en células que tardarían años en manifestar lo que había pasado. Pero Doña Lucina no lo sabía. Y cuando sus hijas le insistieron que se fuera de Juárez, que se mudara con alguna de ellas a Estados Unidos, que no podía seguir viviendo en esa casa, Doña Lucina les dijo que no, que ella había vivido toda su vida en esa casa, que no iba a irse ahora por algo que ni siquiera entendía.

Se quedó. Siguió viviendo en la calle Aldama. Siguió platicando con sus vecinas. Siguió siendo Doña Lucina. Y cuando murió, cinco años después, de un cáncer agresivo que los médicos no pudieron explicar del todo, nadie conectó su muerte con la camioneta blanca. Nadie porque ya no había expedientes. El programa de seguimiento había sido cancelado. Los archivos estaban "perdidos." Y Doña Lucina se convirtió en lo que todas las víctimas del cobalto eventualmente se convertirían: un cuerpo sin expediente, una dosis sin registro, una muerte sin responsables.

CAPÍTULO 5
Administrar el Silencio

El 27 de enero de 1984 —un día después de localizar la Datsun blanca en la calle Aldama— personal de la CNSNS llegó a las instalaciones de ACHISA en Chihuahua capital con una orden ejecutiva firmada por el director general de la comisión. Requerían acceso inmediato a todos los registros de producción de diciembre de 1983: libros de entrada de chatarra, órdenes de compra, certificados de calidad, facturas de venta, destinos de distribución. Todo.

El gerente de planta de ACHISA —un ingeniero metalúrgico de cincuenta y cuatro años llamado Raúl Medina— los recibió en su oficina con la expresión de quien entiende que algo grave está ocurriendo pero todavía no sabe qué tan grave. Los técnicos de la CNSNS no le explicaron mucho. Solo le dijeron que habían detectado una anomalía radiactiva en varilla procedente de su planta y que necesitaban rastrear toda la producción de las últimas seis semanas. Raúl Medina preguntó si había peligro para sus trabajadores. Le dijeron que era prematuro determinarlo, que primero necesitaban los registros. Raúl abrió los archivos.

Los técnicos pasaron tres días en las oficinas de ACHISA extrayendo información. Lo que encontraron fue peor de lo que habían anticipado. La chatarra del Yonke Fénix no había llegado en un solo lote. Había llegado en múltiples entregas durante las primeras dos semanas de diciembre. Y esa chatarra no había sido procesada en un solo turno ni en un solo horno. Había sido mezclada con chatarra de otros proveedores, fundida en los tres hornos de la planta, distribuida en múltiples coladas, convertida en varilla que fue embarcada a dieciséis estados de México y más de veinte estados de Estados Unidos.

Los técnicos crearon una tabla. Fecha de entrada de chatarra del Yonke Fénix: 9, 12, 14 y 16 de diciembre. Hornos utilizados: 1, 2 y 3. Coladas producidas con ese material: 47. Toneladas de varilla resultantes: 6,600. Clientes que recibieron esa varilla: 143 distribuidores. Destinos finales estimados: imposible de determinar sin rastrear cada distribuidor individual. Esa tabla se convirtió en el mapa de un desastre que todavía no tenía dimensiones definidas pero que ya mostraba su geometría: no era un círculo con centro en Ciudad Juárez, era una red con nodos en dieciséis estados y decenas de ciudades donde la varilla había llegado sin que nadie supiera lo que llevaba adentro.

El 30 de enero, cuatro días después de localizar la fuente en la calle Aldama, la CNSNS convocó una reunión de coordinación interinstitucional en la Ciudad de México. Asistieron representantes de la Secretaría de Salud, la Secretaría de Gobernación, la Secretaría de Energía, Minas e Industria Paraestatal, la Procuraduría General de la República. El objetivo formal de la reunión era diseñar un protocolo de rastreo de la varilla contaminada. El objetivo real era decidir qué información se haría pública y cuándo.

No hay acta oficial de esa reunión. Lo que sí hay son testimonios de funcionarios que participaron y que, años después, hablaron con condición de anonimato con periodistas que investigaban el caso. Uno de esos funcionarios le dijo a Regeneración Radio en 1991: "Se nos dijo que se trataba de un asunto de seguridad nacional. Que la información sobre el alcance real del desastre no podía ser pública porque generaría pánico. Que la función de la CNSNS era salvaguardar la seguridad de la población, no comprometer la economía de las empresas productoras de varilla."

La economía de las empresas. Esa frase aparece en múltiples testimonios de funcionarios que participaron en las reuniones de coordinación entre 1984 y 1985. No la salud de las víctimas. No el derecho de las familias a saber que vivían en casas contaminadas. La economía de las empresas. Y entre esas empresas estaba ACHISA, que para 1984 era una paraestatal, propiedad del Estado mexicano. Lo que significa que el gobierno que debía proteger a las víctimas tenía interés económico directo en minimizar el escándalo que afectaba a una empresa que era suya. Esa no es conspiración. Es contabilidad.

La decisión tomada en esa reunión fue clara: se rastrearía la varilla de manera sistemática pero discreta. Se inspeccionarían las estructuras identificadas como prioritarias —hospitales, escuelas, edificios públicos— pero sin generar alarma pública. Se informaría a las autoridades estatales sobre casos específicos pero se les instruiría mantener confidencialidad. Se daría seguimiento médico a las víctimas directas de la calle Aldama, pero no se realizaría un estudio epidemiológico de largo plazo de todas las personas potencialmente expuestas. Y sobre todo, no se haría ningún anuncio público del alcance real de la dispersión hasta que se tuviera información completa y controlada.

El problema era que la información completa nunca llegó. Porque rastrear cada barra de varilla desde ACHISA hasta su destino final requería inspeccionar decenas de miles de estructuras. Y el gobierno no tenía recursos para hacerlo. O decidió que no valía la pena invertir esos recursos. O calculó que era preferible vivir con la incertidumbre que con la certeza de un desastre demasiado grande como para manejarlo políticamente.

Tres años después, en septiembre de 1987, Brasil enfrentaría su propio desastre radiológico en Goiânia. Un equipo de radioterapia abandonado en una clínica privada fue desmantelado por dos recicladores que encontraron el edificio vacío. Dentro del equipo había una cápsula de cesio-137. Los recicladores vendieron el metal a un yonke local. El dueño del yonke abrió la cápsula y quedó fascinado con el polvo azul brillante que había adentro. Lo mostró a sus amigos. Lo distribuyó entre familiares. Lo untó en su piel para ver el efecto luminiscente. En cuatro días, el cesio-137 había pasado por al menos catorce manos diferentes.

Cuando las primeras víctimas comenzaron a llegar a los hospitales con síntomas de envenenamiento por radiación, las autoridades brasileñas tardaron exactamente treinta y seis horas en identificar la fuente. Y una vez identificada, la respuesta fue inmediata, masiva y pública. El gobierno brasileño evacuó barrios completos. Demolió siete casas donde se había detectado contaminación. Removió mil doscientas toneladas de tierra contaminada. Inspeccionó a más de ciento doce mil personas en busca de exposición. Hospitalizó a doscientas cuarenta y nueve. Cuatro personas murieron en las primeras semanas.

La prensa internacional cubrió cada día de la crisis. El gobierno brasileño dio conferencias de prensa diarias. Admitió públicamente el desastre. Explicó técnicamente lo que había pasado. Detalló las medidas de contención. Informó sobre el estado de las víctimas. Compensó económicamente a las familias afectadas. Procesó penalmente a los responsables. Y creó un programa de seguimiento médico de largo plazo para todas las personas que habían estado expuestas, programa que seguía operando cuarenta años después.

El contraste con México no podía ser más evidente. No en la magnitud del desastre —México dispersó significativamente más material radiactivo a lo largo de más territorio— sino en cómo cada gobierno eligió manejarlo. Brasil eligió la verdad incómoda. México eligió la verdad administrada. Brasil evacuó. México calculó niveles tolerables. Brasil demolió. México reclasificó. Brasil compensó. México archivó. Brasil procesó responsables. México procesó a Vicente Sotelo, el técnico que obedeció órdenes, mientras el doctor Lemus nunca fue arrestado y Clemente Licón Baca nunca fue investigado.

La diferencia no estaba en las capacidades técnicas de ambos países. La diferencia estaba en una decisión fundamental sobre qué era más importante: proteger a la población o proteger al sistema que había permitido que el desastre ocurriera. Brasil eligió lo primero. México eligió lo segundo. Y esa elección tuvo consecuencias que se medirían en décadas, no en semanas.

En Brasil, las víctimas de Goiânia recibieron atención médica inmediata y gratuita de por vida. En México, los vecinos de la calle Aldama recibieron un estudio inicial y luego quedaron a su suerte cuando el programa de seguimiento fue cancelado por falta de presupuesto. En Brasil, las familias evacuadas recibieron compensación por la pérdida de sus casas. En México, las familias en casas "tolerables" recibieron una carta informándoles que los niveles de radiación estaban "dentro de parámetros aceptables" sin explicarles qué significaba eso ni qué deberían hacer al respecto.

En Brasil, el desastre se convirtió en un caso de estudio internacional sobre cómo responder a emergencias radiológicas. En México, el desastre se convirtió en un expediente sellado que nadie consultó durante cuarenta años. La diferencia no era tecnológica. Era política. Era la diferencia entre un gobierno que decidió que su legitimidad dependía de decir la verdad, por incómoda que fuera, y un gobierno que decidió que su estabilidad dependía de controlar la narrativa, por falsa que resultara.

Y esa decisión tuvo nombre y apellido. Tuvo reuniones específicas donde se tomó. Tuvo funcionarios que la implementaron. Tuvo documentos que la justificaron. No fue un error. No fue negligencia. Fue una elección deliberada sostenida a lo largo de años entre proteger la reputación del aparato burocrático o proteger a las personas que el sistema había puesto en riesgo. Y la estructura institucional se protegió a sí misma.

Mientras las comparaciones con Brasil circulaban en círculos académicos internacionales —donde México era citado como ejemplo de mala práctica en manejo de desastres radiológicos— las inspecciones continuaban en silencio. Para febrero de 1985, un año después del descubrimiento, la CNSNS había inspeccionado diecisiete mil seiscientas estructuras en dieciséis estados. Ochocientas catorce habían sido demolidas por niveles inaceptables. Dos mil trescientas sesenta toneladas de varilla contaminada habían sido recuperadas y enterradas en cementerios nucleares en Samalayuca y Maquixco.

Pero quedaban preguntas sin respuesta: ¿Cuántas toneladas seguían sin localizar? El expediente registraba aproximadamente cuatro mil toneladas no recuperadas. ¿Dónde estaban? No se sabía. ¿En cuántas estructuras? No se sabía. ¿Cuántas personas vivían en esas estructuras? No se sabía. Y la pregunta más incómoda: ¿Se lo decimos?

En febrero de 1985, funcionarios de varias dependencias del gobierno federal se reunieron en Veracruz en una sesión de trabajo clasificada. El tema oficial de la reunión era "Evaluación de protocolos de seguridad nuclear en instalaciones industriales." El tema real era decidir qué hacer con la información que habían acumulado durante doce meses de inspecciones. La reunión de Veracruz terminó con un acuerdo: se cerraría el expediente técnico, se declararía que la recuperación de material contaminado había sido exitosa, se darían por concluidas las inspecciones masivas, se mantendría un programa de monitoreo de largo plazo en las estructuras clasificadas como "tolerables," y se sellaría como confidencial toda la información que pudiera generar demandas, reclamaciones o crisis mediática.

El acuerdo fue implementado. El expediente fue sellado. Y durante cuarenta años, ese expediente durmió en los archivos de la CNSNS sin que nadie lo consultara hasta diciembre de 2024, cuando un investigador fue a pedirlo y la empleada que lo buscó en el sistema le dijo con una mezcla de asombro e incomodidad: "Es la primera vez que alguien viene a ver este expediente."

Cuarenta años. Un expediente que documenta el mayor desastre radiactivo de América Latina, con nombres, fechas, mediciones, testimonios, decisiones —todas las piezas del rompecabezas— y en cuatro décadas nadie había ido a leerlo. No porque el expediente estuviera perdido, sino porque el Estado había decidido que no hacía falta buscarlo, que las preguntas que ese expediente respondía eran preguntas que era mejor no hacer, que los nombres que ese expediente documentaba eran nombres que era mejor no decir, que la verdad que ese expediente contenía era una verdad más costosa que el silencio. Y el silencio, durante cuarenta años, fue administrado con la eficiencia burocrática de un sistema diseñado para olvidar.

Mientras tanto, los trabajadores de ACHISA seguían operando los hornos. Antes de procesar cualquier lote de chatarra, técnicos de la CNSNS lo inspeccionaban con detectores portátiles. Si detectaban radiación, el lote era rechazado. Si no detectaban nada, el lote era aprobado para fundición. La estructura era simple, era eficiente y era completamente inútil para resolver el problema de las seis mil seiscientas toneladas que ya estaban distribuidas. Pero generaba la apariencia de control, generaba la narrativa de que el gobierno estaba haciendo algo, que la situación estaba siendo manejada.

Los trabajadores de ACHISA preguntaban si habían estado expuestos. La respuesta oficial era que se estaban realizando estudios médicos. Ciento ochenta trabajadores fueron sometidos a exámenes de sangre, análisis de médula ósea, estudios de radiación corporal. Los resultados mostraron que varios trabajadores tenían niveles elevados de cobalto en sus cuerpos. No peligrosamente altos, no lo suficiente como para causar síntomas inmediatos, pero elevados. Especialmente los que habían trabajado en el patio de acopio durante diciembre, los que habían cargado la chatarra con las manos, los que habían operado las grúas, los que habían limpiado los hornos después de las coladas.

Se les dijo que los niveles no eran motivo de preocupación, que debían hacerse chequeos anuales, que si presentaban síntomas —cansancio extremo, náuseas, caída de cabello— debían reportarlo inmediatamente. No se les dijo que varios de esos síntomas eran exactamente lo que se esperaría de exposición a radiación. No se les dijo que los efectos a largo plazo eran imposibles de predecir sin estudios de seguimiento de décadas. No se les dijo que en otros países, trabajadores expuestos a niveles similares habían recibido compensación por riesgo ocupacional. Se les dijo que volvieran a trabajar. Que los hornos necesitaban operadores. Que ACHISA necesitaba seguir produciendo. Que la economía del estado dependía de esa fundidora.

La mayoría volvió. No porque confiaran en que era seguro, sino porque necesitaban el sueldo. Benjamín de la Rosa —el operador de la grúa del Yonke Fénix que había movido la chatarra contaminada docenas de veces en diciembre— también fue sometido a estudios. Sus niveles de cobalto corporal estaban entre los más altos documentados. Se le recomendó reposo. Se le ofreció una licencia médica temporal. Benjamín preguntó si la licencia era pagada. Le dijeron que no, que sería licencia sin goce de sueldo. Benjamín tenía una familia que mantener. Rechazó la licencia. Volvió a operar la grúa. Trabajó por 6 años más.

En 1991, a los sesenta y cinco años, le diagnosticaron cáncer en los huesos. Un tipo de cáncer poco común. Agresivo. Murió ocho meses después. Su familia culpó al cobalto. Intentó demandar. El abogado que consultaron les dijo que sería imposible probar relación causal, que habían pasado siete años entre la exposición y el diagnóstico, que Benjamín fumaba, que tenía antecedentes familiares de cáncer, que un juez nunca aceptaría la conexión sin evidencia directa. La familia dejó de insistir. Enterró a Benjamín y siguió viviendo.

En las casas clasificadas como "tolerables" —aquellas donde los niveles de radiación estaban por encima del fondo natural pero no lo suficientemente altos como para justificar demolición inmediata— las familias recibieron una carta de la CNSNS. La carta explicaba en términos técnicos que se había detectado "material con niveles de radiación superiores a los parámetros normales" en la estructura de su vivienda. Que los niveles no representaban "peligro inmediato para la salud." Que se recomendaba "evitar exposición prolongada en áreas específicas." Que un técnico visitaría la vivienda para marcar las zonas de mayor intensidad. Que la familia debía decidir si permanecía en la vivienda o buscaba reubicación temporal por su cuenta.

La mayoría se quedó. No porque entendieran completamente lo que significaba "niveles superiores a los parámetros normales," sino porque no tenían a dónde ir. No tenían recursos para rentar otro lugar. No tenían familiares con espacio suficiente para recibirlos. Y el gobierno no ofrecía compensación por reubicación. La carta creaba un espacio jurídico perfecto para el Estado: había cumplido con su deber de informar, había notificado a las familias del riesgo, había marcado las zonas peligrosas. Si las familias decidían quedarse, la responsabilidad era de ellas.

Mientras el expediente se sellaba en la Ciudad de México, mientras las reuniones secretas determinaban qué información era seguro revelar y cuál era mejor enterrar, en dieciséis estados de México miles de personas seguían viviendo en estructuras que contenían material que el gobierno había documentado como contaminado pero que había clasificado como tolerable. Y la palabra "tolerable" —tan técnica, tan neutral, tan burocrática— escondía una pregunta que nadie quería responder: ¿Tolerable para quién? ¿Tolerable según qué estándar? ¿Tolerable durante cuánto tiempo? ¿Tolerable comparado con qué alternativa?

La respuesta, aunque nunca se dijo explícitamente, estaba implícita en cada decisión tomada entre 1984 y 1985: tolerable para un gobierno que había decidido que era más tolerable vivir con el riesgo de cánceres futuros que con la certeza de un escándalo presente. Tolerable según el estándar de lo que era políticamente manejable, no de lo que era médicamente seguro. Tolerable durante el tiempo que tardara en olvidarse, que siempre es más corto que el tiempo que tarda el cáncer en manifestarse. Tolerable comparado con la alternativa de admitir que el sistema de protección radiológica había fallado tan completamente que sería imposible reparar el daño sin reconocer que el daño nunca debió haber ocurrido.

Y así, cuarenta años después, mientras Brasil mantiene un programa activo de seguimiento médico para las víctimas de Goiânia, mientras en Brasil los responsables del desastre fueron procesados y las familias compensadas, en México el expediente del cobalto sigue sellado, Vicente Sotelo fue el único que pagó con cárcel, y las cuatro mil toneladas de varilla que nunca fueron localizadas siguen en algún lugar, integradas en estructuras donde familias viven sin saber que el acero bajo sus pies todavía emite, cuarenta años después, la radiación que nadie quiso medir, que nadie quiso admitir, que nadie quiso pagar por remover.

Esa es la diferencia entre administrar la verdad y decirla. Entre proteger al sistema y proteger a las personas. Entre Brasil y México. Entre lo que pasó en Goiânia y lo que pasó en Juárez. No la magnitud del desastre, sino la magnitud de la honestidad con la que cada país decidió enfrentarlo.

CAPÍTULO 6
Las Fugas

La familia Garza vivía en una casa de dos plantas en la colonia Independencia de Monterrey, Nuevo León. Habían terminado de construirla en enero de 1984, justo a tiempo para que los tres hijos tuvieran su propia recámara antes del inicio del ciclo escolar. Roberto Garza, el padre, había trabajado doce años como supervisor de producción en una maquiladora para ahorrar el enganche. Su esposa, María Elena, había bordado manteles a domicilio durante esos mismos años para completar el dinero de los materiales. La casa no era grande, pero era suya, y eso bastaba.

El 12 de marzo de 1984, un equipo de la CNSNS tocó a su puerta a las nueve de la mañana. Roberto abrió sin entender quiénes eran. Los técnicos se identificaron, mostraron credenciales oficiales y le pidieron permiso para inspeccionar la estructura de la casa con detectores de radiación. Roberto preguntó si había algún problema. Los técnicos respondieron que era un procedimiento de rutina relacionado con material de construcción que podría estar afectado. Roberto dejó pasar a los técnicos porque uno no le niega la entrada a funcionarios federales con credenciales, porque uno asume que el gobierno sabe lo que hace, porque uno confía en que si algo estuviera verdaderamente mal alguien te lo habría dicho antes.

Los técnicos recorrieron la casa con sus medidores. Roberto los siguió en silencio, observando cómo pasaban los detectores por las paredes, por las columnas, por los techos. Los instrumentos emitían clics ocasionales, un sonido mecánico que Roberto asociaba vagamente con las películas de ciencia ficción que sus hijos veían los sábados. En la recámara principal, el sonido cambió. Se volvió más rápido, más constante. Uno de los técnicos marcó la pared con tiza. Luego otra pared. Luego la columna del baño.

Cuando terminaron, el jefe del equipo le pidió a Roberto que se sentara. Le explicó que habían detectado niveles elevados de radiación en varias áreas de la casa, que la varilla usada en la construcción contenía cobalto-60, un material radiactivo, que los niveles superaban los límites considerados seguros para habitación permanente, que la familia tendría que evacuar. Roberto preguntó cuándo. El técnico respondió que lo más pronto posible. Roberto preguntó por cuánto tiempo. El técnico respondió que la casa tendría que ser demolida. Roberto preguntó quién pagaría otra casa. El técnico respondió que eso lo tendría que gestionar con las autoridades estatales, que ellos solo estaban ahí para hacer las mediciones, que alguien más se pondría en contacto para explicarle los siguientes pasos.

María Elena escuchó la conversación desde la puerta de la cocina sin decir nada. Cuando los técnicos se fueron, se sentó en el suelo de la sala que habían tardado doce años en pagar y lloró sin hacer ruido para que los niños, que estaban en la escuela, no la vieran cuando regresaran.

La familia Garza evacuó su casa dos días después. Se mudaron temporalmente con los padres de María Elena, cuatro adultos y tres niños en una casa de dos recámaras en otra colonia. El gobierno estatal les prometió una vivienda de reemplazo. Les dijeron que sería cuestión de semanas. Las semanas se convirtieron en meses. Los meses se convirtieron en un año. En 1985, el gobierno les ofreció un departamento de interés social en un complejo habitacional en las afueras de Monterrey, a cuarenta minutos del trabajo de Roberto, lejos de la escuela de los niños, con la mitad de los metros cuadrados de la casa que habían construido.

Roberto preguntó si podían negociar algo mejor. Le dijeron que era eso o nada. Roberto aceptó. La casa de la colonia

Independencia fue demolida en junio de 1984. La varilla fue extraída, transportada al desierto, enterrada. El terreno quedó vacío durante años, sin que nadie quisiera comprarlo porque todos en el barrio sabían lo que había pasado ahí. En 1992, alguien finalmente construyó otra casa en ese lote. Una familia nueva se mudó sin que nadie les dijera la historia completa. O quizás se los dijeron y decidieron no importarles. El terreno costaba la mitad de lo que costaban los lotes vecinos, y cuando tienes poco dinero los descuentos no se cuestionan.

Roberto Garza intentó demandar al distribuidor de materiales que le había vendido la varilla. El abogado que consultó le dijo que sería imposible ganar, que tendría que probar que el distribuidor sabía que la varilla estaba contaminada en el momento de la venta y que esa prueba no existía, que ACHISA había proporcionado certificados de calidad con todas las entregas, que el distribuidor había actuado de buena fe, que el único responsable identificable era Vicente Sotelo Alardín, el técnico de mantenimiento que había desmontado la máquina original, y que demandar a un trabajador sin recursos no tenía sentido práctico.

Roberto abandonó la demanda. Siguió trabajando en la maquiladora otros dieciséis años. Se jubiló en 2000. Murió en 2007 de un infarto, a los sesenta y tres años, sin haber vuelto a tener una casa propia. María Elena sigue viva. Vive en el mismo departamento de interés social que el gobierno les dio en 1985. Cuando habla de la casa de la colonia Independencia, todavía usa el presente, como si la casa siguiera ahí esperándolos, como si la demolición hubiera sido temporal y en algún momento alguien fuera a llamarlos para decirles que ya pueden volver.

Para mediados de 1984, la CNSNS había documentado la presencia de varilla contaminada en diecisiete mil seiscientas estructuras distribuidas en dieciséis estados de México y veintidós estados de Estados Unidos. De esas estructuras, ochocientas catorce habían sido clasificadas como inhabitables y programadas para demolición. Dos mil trescientas sesenta toneladas de varilla contaminada habían sido recuperadas. Pero quedaba un problema matemático simple y brutalmente incómodo: si ACHISA había producido seis mil seiscientas toneladas de varilla contaminada entre el 14 de diciembre de 1983 y el 3 de enero de 1984, y solo se habían recuperado dos mil trescientas sesenta toneladas para junio de 1984, eso dejaba aproximadamente cuatro mil doscientas cuarenta toneladas sin localizar.

Cuatro mil toneladas de acero contaminado en algún lugar del continente. La pregunta que nadie quería hacer en voz alta era: ¿dónde están? La respuesta que nadie quería dar era: no lo sabemos. Porque admitir que no lo sabían implicaba admitir que el rastreo había sido incompleto, que las inspecciones habían dejado huecos, que había familias viviendo en casas contaminadas que nunca fueron identificadas porque el distribuidor que les vendió la varilla no había guardado registros completos, porque el constructor que levantó la obra era informal y no había facturado los materiales, porque la casa se había construido poco a poco durante años mezclando varilla de diferentes proveedores y era imposible determinar cuál lote provenía de ACHISA sin demoler la estructura completa para inspeccionar cada barra.

El ingeniero Maldonado Mercado, en una reunión interna de la CNSNS en julio de 1984 cuyas minutas fueron desclasificadas cuarenta años después, lo planteó con una precisión técnica que no ocultaba la magnitud del problema: "Hemos llegado al límite de lo rastreable con los recursos disponibles. Continuar las inspecciones masivas requeriría presupuesto que no tenemos, personal que no podemos contratar y tiempo que el calendario político no nos concede. Propongo que clasifiquemos el rastreo como completo en su fase activa y que transitemos a un protocolo de monitoreo pasivo donde atendamos casos que se presenten por reporte ciudadano o detección incidental."

Monitoreo pasivo. Esa frase aparece en múltiples documentos oficiales de la CNSNS entre 1984 y 1990. Significa, en términos prácticos, que el gobierno dejó de buscar activamente las estructuras contaminadas y decidió esperar a que las familias afectadas las reportaran ellas mismas. Lo cual planteaba una contradicción fundamental: ¿cómo puede una familia reportar contaminación radiactiva si no tiene ningún instrumento para detectarla, si los síntomas de exposición crónica tardan años en manifestarse, si nadie les ha explicado qué buscar ni a quién llamar si sospechan algo? La respuesta es que no puede. Y eso, también, era parte del diseño. Porque mientras las familias no reportaran, las estructuras no existían oficialmente como problema. No generaban presupuesto de demolición. No generaban obligaciones de reubicación. No generaban demandas. No generaban titulares. Simplemente continuaban ahí, habitadas, invisibles para aparato institucional que había decidido que buscarlas era más costoso que dejarlas perdidas.

El Hospital General de Culiacán, Sinaloa, había inaugurado su nueva ala de pediatría en julio de 1983 con una ceremonia donde el gobernador cortó el listón y los medios locales fotografiaron las instalaciones modernas que atenderían a los niños de toda la región. La construcción había tomado dieciocho meses y había costado veintitrés millones de pesos. Cincuenta toneladas de varilla de ACHISA habían sido usadas en las columnas, las losas y los muros de carga. Para mayo de 1984, el ala de pediatría llevaba diez meses operando a capacidad completa, con un promedio de ciento veinte pacientes pediátricos hospitalizados en cualquier momento dado.

El 17 de mayo de 1984, un equipo de inspección de la CNSNS llegó al hospital con una orden federal que requería acceso inmediato para realizar mediciones radiológicas. El director del hospital, el doctor Alfonso Rendón, los recibió en su oficina sin entender completamente la razón de la visita. Los técnicos le explicaron que estaban rastreando varilla contaminada de ACHISA. El doctor Rendón preguntó si había alguna posibilidad de que el hospital estuviera afectado. Los técnicos respondieron que por eso estaban ahí, para verificarlo.

Las mediciones comenzaron a las diez de la mañana. Para las once y media, los detectores habían identificado niveles elevados en tres áreas del ala de pediatría: dos salas de hospitalización y el área de urgencias pediátricas. Los niveles no eran extremadamente altos pero superaban los límites permitidos para exposición continua de menores de edad, que son más estrictos que los límites para adultos porque los niños son más vulnerables a los efectos de la radiación ionizante.

El jefe del equipo de inspección le informó al doctor Rendón que tendrían que evacuar el ala de pediatría inmediatamente. El doctor Rendón preguntó a dónde trasladarían a los pacientes. El técnico respondió que eso era decisión administrativa del hospital, que ellos solo podían certificar que las instalaciones no eran seguras para uso continuo. El doctor Rendón explicó que el hospital no tenía capacidad en otras áreas para absorber ciento veinte pacientes pediátricos, que tendría que coordinar con otros hospitales de la región, que eso tomaría días. El técnico respondió que entendía la complejidad logística pero que la evacuación no era negociable.

El doctor Rendón evacuó el ala de pediatría en cuarenta y ocho horas. Trasladó a los pacientes estables a hospitales en Mazatlán y Los Mochis. Los pacientes críticos fueron reubicados en espacios improvisados del propio hospital, en áreas que no estaban diseñadas para hospitalización pediátrica pero que no tenían otra opción. Tres pacientes murieron durante los traslados, dos de complicaciones respiratorias que se agravaron durante el transporte, uno de paro cardíaco. Las familias de esos pacientes intentaron demandar al gobierno estatal por negligencia en el manejo de la evacuación. Un juez desechó las demandas argumentando que no se podía establecer relación causal entre la evacuación y las muertes, que los pacientes ya estaban críticos antes del traslado, que el hospital había actuado bajo órdenes federales que no podía desobedecer.

El ala de pediatría del Hospital General de Culiacán fue demolida entre junio y agosto de 1984. Las cincuenta toneladas de varilla contaminada fueron extraídas y transportadas a Samalayuca para confinamiento. El hospital nunca reconstruyó el ala. No había presupuesto federal para ello. El gobierno estatal argumentó que la responsabilidad de la reconstrucción era del gobierno federal porque la contaminación había sido causada por fallas de supervisión federal sobre ACHISA. El gobierno federal argumentó que la responsabilidad era del constructor que había comprado material defectuoso sin verificar su procedencia. El constructor argumentó que había actuado de buena fe con base en certificados de calidad proporcionados por ACHISA. Nadie reconstruyó nada.

Para 1990, el espacio donde había estado el ala de pediatría era un lote baldío dentro del complejo hospitalario, cercado con malla ciclónica y un letrero descolorido que decía "Área en remodelación." La remodelación nunca llegó. El lote sigue baldío en

2024, cuarenta años después de la demolición, un rectángulo de concreto agrietado donde ocasionalmente se estacionan ambulancias cuando el estacionamiento oficial está lleno.

El doctor Alfonso Rendón, que dirigía el hospital en 1984, renunció en 1985. Se mudó a Guadalajara. Abrió un consultorio privado. Nunca volvió a trabajar en el sector público. En una entrevista que concedió en 2003 a un estudiante de medicina que estaba investigando el caso para su tesis, Rendón dijo algo que resume la experiencia de muchos funcionarios que tuvieron que implementar las órdenes de evacuación y demolición sin tener ningún poder para decidir qué pasaba después: "Yo cumplí con evacuar porque me lo ordenaron. Pero nadie me ordenó qué hacer con los niños después de sacarlos. Esa parte la tuve que improvisar. Y tres niños murieron en esa improvisación. Eso no sale en ningún expediente oficial. Pero yo lo sé. Y lo voy a saber el resto de mi vida."

En Torreón, Coahuila, una familia recibió la notificación de evacuación y se negó a salir de su casa. Se llamaban Núñez. Arturo y Esperanza, con cuatro hijos entre los seis y los catorce años. Habían construido su casa en 1983 en un fraccionamiento de la periferia de Torreón, en un terreno que habían comprado a plazos durante cinco años. La casa tenía tres recámaras, un patio pequeño donde Esperanza cultivaba chiles y jitomates, y una cochera donde Arturo guardaba las herramientas de su taller de herrería. Cuando los técnicos de la CNSNS llegaron en abril de 1984 y les dijeron que la casa estaba contaminada y que tendrían que evacuarla, Arturo respondió que no pensaba irse a ningún lado.

Los técnicos le explicaron que los niveles de radiación superaban los límites seguros. Arturo respondió que él no sentía nada diferente, que su familia estaba sana, que si la radiación fuera

74

tan peligrosa ya estarían enfermos después de un año viviendo ahí. Los técnicos le explicaron que la radiación no se siente, que los efectos son acumulativos, que el daño se manifiesta a largo plazo. Arturo respondió que él creería eso cuando viera evidencia real, no números en una máquina que podían significar cualquier cosa.

Los técnicos reportaron la negativa. Las autoridades estatales intentaron persuadir a la familia. Enviaron a personal de salud a explicarles los riesgos. Arturo escuchó, agradeció la visita y dijo que su decisión era quedarse. Le ofrecieron vivienda temporal mientras se gestionaba una casa de reemplazo. Arturo preguntó dónde estaba esa vivienda temporal. Le dijeron que en un albergue compartido a las afueras de la ciudad. Arturo preguntó por cuánto tiempo. Le dijeron que hasta que hubiera presupuesto para vivienda definitiva. Arturo preguntó cuándo sería eso. No supieron responderle.

Arturo tomó una decisión que desde su perspectiva era perfectamente racional: prefería un riesgo invisible y futuro que su familia vivía en una casa propia a una certeza inmediata de hacinamiento en un albergue compartido sin fecha de salida. No era que no creyera en la radiación. Era que creía que su capacidad de controlar lo que pasaría después de evacuar era exactamente cero, mientras que quedándose al menos mantenía algo de dignidad.

Las autoridades no podían forzar una evacuación sin orden judicial. Solicitaron la orden. Un juez la negó argumentando que no había evidencia de daño inmediato a la salud y que desalojar una familia de su patrimonio sin compensación adecuada violaba garantías constitucionales. Las autoridades apelaron. La apelación fue rechazada. La familia Núñez se quedó en su casa. El gobierno colocó una placa en la fachada que decía "Estructura bajo monitoreo radiológico - CNSNS." La placa estuvo ahí tres años hasta que

Arturo la arrancó y la tiró a la basura porque decía que espantaba a los clientes de su taller.

Los técnicos de la CNSNS realizaron inspecciones de seguimiento cada seis meses durante dos años, después cada año, después cada dos años. Los niveles de radiación no cambiaron significativamente porque el cobalto-60 tiene una vida media de 5.27 años y en ese lapso solo había perdido una fracción de su actividad. La familia seguía expuesta. En 1991, siete años después de la detección inicial, Esperanza desarrolló cáncer de tiroides. Fue operada. Sobrevivió. Intentó conectar su enfermedad con la exposición radiactiva. Los médicos le dijeron que era imposible establecer causalidad directa, que el cáncer de tiroides tiene múltiples factores de riesgo, que siete años era mucho tiempo para conectar causa y efecto sin estudios epidemiológicos controlados que no se habían realizado.

Arturo murió en 2006 de causas no relacionadas. Esperanza vendió la casa en 2008 y se mudó con una de sus hijas a Monterrey. La familia que compró la casa en 2008 no sabía nada de la historia de contaminación. O sabían y no les importó. El precio era muy bueno para el tamaño del terreno, y cuando uno tiene poco dinero las preguntas incómodas son un lujo que no se puede pagar. En 2019, un equipo de investigación de la Universidad Autónoma de Coahuila realizó un estudio retrospectivo de las casas que habían sido identificadas como contaminadas en los ochenta. Midieron los niveles de radiación en la casa de los Núñez. Los niveles seguían siendo elevados, treinta y cinco años después de la detección original. No tan altos como en 1984 porque el cobalto-60 había perdido actividad con el paso del tiempo, pero todavía por encima del fondo natural.

La familia que vivía ahí en 2019 se enteró por primera vez de que su casa estaba contaminada cuando los investigadores tocaron su puerta para pedir permiso de medición. Reaccionaron exactamente como había reaccionado Arturo en 1984: dijeron que se sentían bien, que llevaban años viviendo ahí sin problemas, que no pensaban irse a ningún lado.

Una de las dimensiones más perturbadoras del desastre del cobalto no es solo lo que pasó con las familias que estaban viviendo en las estructuras contaminadas cuando fueron detectadas, sino lo que pasó con las familias que llegaron después. Porque las casas demolidas dejaron terrenos vacíos, y los terrenos vacíos eventualmente fueron vendidos, y las casas que se construyeron en esos terrenos fueron habitadas por personas que no tenían manera de saber la historia completa del suelo donde habían decidido vivir.

En Hermosillo, Sonora, una casa fue demolida en mayo de 1984 después de que se detectaron niveles de radiación que superaban en quince veces el límite permitido. El terreno fue marcado como no habitable y supuestamente bloqueado para construcción futura. Pero los registros catastrales no fueron actualizados correctamente. En 1987, el terreno fue vendido a un desarrollador que construyó tres casas de interés social. Las tres casas fueron vendidas a familias de bajos ingresos que calificaban para créditos de vivienda del INFONAVIT. Nadie les dijo que estaban construyendo sobre un terreno que tres años antes había sido clasificado como contaminado.

Una de esas familias, los Castillo, vivió en su casa durante dieciocho años antes de enterarse por casualidad de la historia del terreno. Se enteraron porque un vecino viejo del barrio les comentó que ahí había habido una casa que fue tirada por el gobierno por algo de radiación. La señora Castillo, Rosa, investigó en el archivo municipal. Encontró los documentos de demolición de 1984, encontró la clasificación de terreno contaminado, encontró que nunca se había hecho una verificación de limpieza antes de autorizar nueva construcción.

Rosa contactó a la CNSNS. Pidió que inspeccionaran su casa. Le dijeron que mandarían un equipo. Esperó seis meses. Nadie llegó. Volvió a llamar. Le dijeron que su solicitud estaba en proceso. Esperó otros seis meses. Nadie llegó. Llamó a medios locales. Un reportero del periódico El Imparcial publicó la historia. A la semana siguiente, técnicos de la CNSNS llegaron a hacer las mediciones. Los niveles de radiación dentro de la casa eran normales. El terreno había sido descontaminado naturalmente con el paso del tiempo, o la contaminación original había sido removida junto con la varilla de la casa demolida, o nunca había habido contaminación del suelo sino solo de la estructura metálica. Los técnicos no pudieron determinarlo con certeza porque los registros de 1984 no especificaban exactamente qué se había encontrado y qué se había removido.

Rosa preguntó si podía estar tranquila. Los técnicos respondieron que los niveles actuales eran seguros. Rosa preguntó si eso significaba que nunca había estado en peligro. Los técnicos respondieron que no podían responder eso sin saber exactamente qué niveles había habido en el terreno en 1987 cuando construyeron su casa, y que esos datos no existían.

Rosa siguió viviendo en su casa porque no tenía alternativa. Pero dejó de dormir bien. Desarrolló ansiedad crónica que trataba con medicamentos que le costaban un porcentaje significativo de su sueldo de maestra. Cada vez que alguno de sus hijos se enfermaba de algo, se preguntaba si sería por la radiación. Los médicos le decían que no, que los niveles actuales eran normales, que no había razón para preocuparse. Pero Rosa sabía algo que los médicos no parecían entender: que vivir con la incertidumbre de no saber si estuviste expuesta es su propio tipo de contaminación, que no se mide con detectores Geiger pero que se acumula igual en el cuerpo, en el sueño, en la capacidad de confiar en que el lugar donde vives no te está matando lentamente.

La contaminación no respetó fronteras. Para junio de 1984, la Nuclear Regulatory Commission de Estados Unidos había identificado material contaminado de ACHISA en veintidós estados. Los niveles de distribución eran distintos. Texas había recibido la mayor cantidad porque era el destino natural de exportación desde Chihuahua, pero también había llegado material a Nuevo México, Arizona, California, Nevada, Colorado, Oklahoma, Kansas, Missouri, Illinois, Indiana, Ohio, Pensilvania, Nueva York, entre otros estados.

La diferencia fundamental entre la respuesta estadounidense y la mexicana fue que Estados Unidos tenía recursos, infraestructura y voluntad política para rastrear y remediar de manera más completa. La NRC desplegó equipos de inspección a todos los estados afectados. Inspeccionaron cada estructura documentada como receptora de material de ACHISA. Evacuaron las que presentaban niveles inaceptables. Demolieron las que no podían ser descontaminadas. Compensaron a las familias afectadas con fondos federales. No fue perfecto. Hubo familias que pelearon contra las evacuaciones. Hubo constructores que se negaron a aceptar responsabilidad. Hubo abogados que hicieron fortunas litigando casos de exposición. Pero la respuesta fue sistemática, documentada, transparente.

En St. Louis, Missouri, los restaurantes que habían recibido las bases de mesa fabricadas por Falcón de Juárez fueron inspeccionados en mayo de 1984. Catorce restaurantes tenían bases contaminadas. Las bases fueron confiscadas. Los restaurantes recibieron reemplazos sin costo del gobierno federal. Los trabajadores de esos restaurantes fueron sometidos a estudios médicos para determinar si habían sido expuestos a niveles significativos. La mayoría no mostraron evidencia de exposición relevante porque el tiempo que pasaban cerca de las bases, aunque era considerable, no era continuo de la misma manera que vivir en una casa contaminada.

En Phoenix, Arizona, un edificio de departamentos fue evacuado porque se detectaron niveles altos en la estructura. El edificio fue demolido. Los residentes fueron reubicados en viviendas temporales pagadas por el gobierno federal mientras se gestionaban soluciones permanentes. El proceso tomó dieciocho meses. No fue rápido, pero fue completo. La diferencia con México no era solo de recursos. Era de prioridades. Estados Unidos trató el incidente como un problema de salud pública que requería solución completa. México lo trató como un problema político que requería administración cuidadosa. Y esa diferencia determinó cuántas familias fueron protegidas y cuántas fueron dejadas a su suerte con la esperanza de que la contaminación se resolviera sola con el paso del tiempo o que las víctimas se cansaran de pelear antes de que el sistema tuviera que dar respuestas.

Para finales de 1984, la CNSNS había creado un mapa completo de la distribución de varilla contaminada en México. El mapa mostraba dieciséis estados afectados con diferentes niveles de intensidad. Chihuahua y Nuevo León eran los más afectados por proximidad a ACHISA. Sinaloa, Sonora y Baja California tenían distribución significativa. El resto de los estados tenían casos dispersos pero documentados. El mapa también mostraba algo más inquietante: los huecos. Las zonas donde la distribución debería haber llegado según los registros de venta, pero donde no se habían realizado inspecciones completas. Las áreas rurales donde el rastreo se había considerado impracticable. Las construcciones informales que no tenían registros que permitieran identificar la procedencia del material.

Esos huecos no eran errores de datos. Eran decisiones conscientes de hasta dónde llegar en el rastreo. Eran el límite donde el costo de buscar superaba el beneficio político de encontrar. Eran las familias que el sistema había decidido, implícitamente, que no valía la pena proteger porque protegerlas requería más esfuerzo del que el presupuesto permitía o del que la voluntad política sostenía. El mapa completo nunca fue publicado. Secciones de ese mapa fueron entregadas a autoridades estatales con la instrucción de realizar seguimiento. Algunas lo hicieron. Otras no. No había mecanismo de verificación federal. No había consecuencias para los estados que decidían que el seguimiento no era prioridad.

En febrero de 1985, en la reunión de Veracruz donde funcionarios de distintas secretarías decidieron sellar el expediente y declarar concluida la fase activa de rastreo, alguien propuso publicar el mapa completo como acto de transparencia. La propuesta fue rechazada con el argumento de que publicar el mapa generaría pánico en áreas donde la contaminación era baja y donde las familias podían seguir viviendo sin riesgo significativo si se les monitoreaba adecuadamente. El argumento tenía lógica interna hasta que te preguntabas quién decidía qué era "riesgo significativo" y si las familias afectadas no tenían derecho a participar en esa decisión. Pero esa pregunta no fue hecha. O fue hecha y fue ignorada. Y el mapa permaneció clasificado durante cuarenta años.

Hasta que alguien lo revisó en 2025 y descubrió que durante cuatro décadas, miles de familias habían vivido en estructuras que el gobierno había identificado como contaminadas pero que había clasificado como tolerables sin preguntar a esas familias si ellas consideraban tolerable la vida que el poder gubernamental había decidido que podían vivir.

Mientras el mapa se sellaba en archivos clasificados, mientras las familias evacuadas esperaban viviendas de reemplazo que tardarían años o nunca llegarían, mientras otras familias seguían viviendo en casas contaminadas sin saber que lo estaban, en la Ciudad de México algo más estaba ocurriendo. Los abogados del doctor Lemus estaban preparando su defensa. Vicente Sotelo estaba siendo interrogado sin abogado en instalaciones de la PGR. Y Clemente Licón Baca seguía firmando documentos en su oficina de la SEMIP como si su nombre no estuviera conectado con ningún desastre, como si su participación como accionista del Centro Médico de Especialidades fuera un detalle irrelevante que nadie tenía derecho a cuestionar.

El siguiente capítulo documenta esas defensas, una por una, palabra por palabra, hasta que quede claro quién sabía qué y cuándo, hasta que la cronología revele las jerarquías que la impunidad intentó ocultar. Porque el mapa de las casas contaminadas es solo el primer mapa. El segundo mapa es el de las decisiones. Y ese mapa tiene nombres.

DOSSIER VISUAL

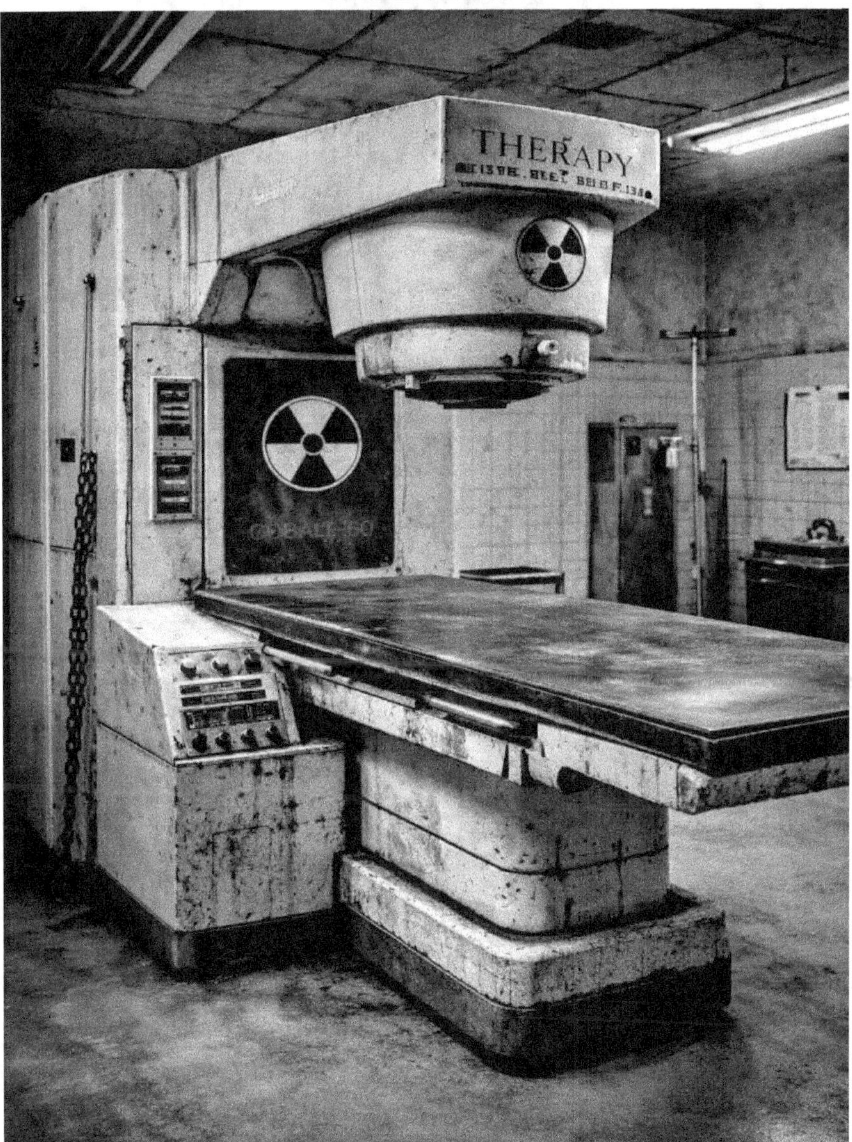

Picker C-3000. Unidad de radioterapia y teleterapia con Cobalto-60
Adquisición: noviembre 1977, Fort Worth, Texas. Precio: $5,000 USD

EVIDENCIA 02

Bienvenidos a México 1977. Equipo radiactivo. Sin autorización de la CNSNS.
Sin registro sanitario. Sin documentación. El sistema permitió que pasara...

EVIDENCIA 03

Desmantelamiento del equipo en un yonke. Sin conocimiento del riesgo.
Aquí dejó de ser una máquina… y se convirtió en fragmentos...

EVIDENCIA 04

Vehículo utilizado para el traslado del equipo. Sin protocolos. Sin advertencias.
La radiación ya estaba en movimiento.

EVIDENCIA 05

Producción siderúrgica a gran escala. El metal contaminado se integró sin ser
detectado. A partir de aquí… ya no hubo forma de detenerlo.

EVIDENCIA 06

Acero integrado en la construcción. Casas, calles, espacios públicos.
El riesgo invisible ya formaba parte del entorno.

EVIDENCIA 07

Transporte de varilla para construcción en rutas interestatales.
El material circulaba sin control. El riesgo viajaba con destino incierto.

EVIDENCIA 08

Los Alamos National Laboratory, Nuevo México. 16 de enero de 1984.
Así se descubrió lo que México no buscaba.

EVIDENCIA 09

El detector no estaba en la frontera. Estaba en un laboratorio.
Y lo que encontró… La contaminación ya estaba en todas partes.

EVIDENCIA 10

Mesa de crisis. No discutieron cómo proteger a la población.
Discutieron cómo protegerse ellos.

EVIDENCIA 11

La solución fue demoler. No porque se entendiera el riesgo…
sino porque ya no había otra opción.

EVIDENCIA 12

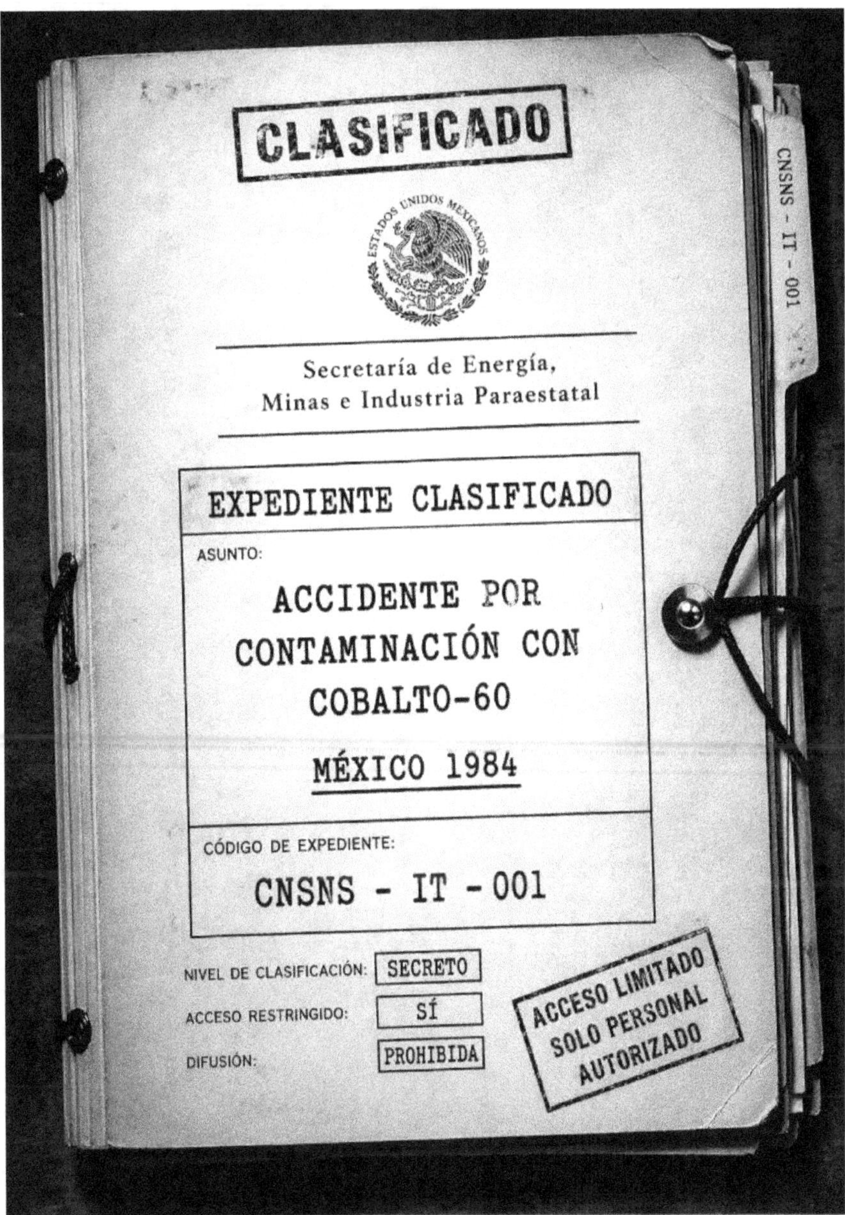

Cuarenta años sellado. No por seguridad nacional.
Porque **El Jefe Sabía.**

CAPÍTULO 7
La Comisión

El 15 de febrero de 1984, la Procuraduría General de la República abrió la averiguación previa número 79/85 con el objeto de investigar los hechos relacionados con la contaminación radiactiva por cobalto-60 originada en Ciudad Juárez, Chihuahua. El expediente fue asignado al agente del Ministerio Público Federal Alberto Sosa Márquez, un abogado de cuarenta y dos años que llevaba diecisiete trabajando en la PGR y que hasta ese momento había manejado principalmente casos de tráfico de armas y narcotráfico en la zona fronteriza.

Sosa Márquez no sabía nada de radiación nuclear, no sabía cómo se cuantificaba la exposición, no sabía cuáles eran los protocolos internacionales de seguridad radiológica, no sabía qué leyes mexicanas aplicaban a la importación ilegal de material nuclear. Tuvo que aprenderlo todo mientras construía el caso.

Lo primero que hizo fue solicitar a la CNSNS un informe técnico completo de lo que había pasado. El informe llegó tres semanas después: cuarenta y siete páginas de terminología técnica, mediciones en unidades que Sosa Márquez tuvo que buscar en manuales, cronologías de eventos que parecían simples hasta que entendías que cada decisión en esa cadena había estado mal tomada desde el principio.

Lo segundo que hizo fue solicitar declaraciones de todos los actores identificables: Vicente Sotelo Alardín, el técnico que había desmontado la máquina; el jefe de mantenimiento del Centro Médico de Especialidades, cuyo nombre no aparecía en ningún documento oficial porque nadie había registrado quién exactamente le había dado la orden a Sotelo; Ramón Estrada, dueño del Yonke Fénix; el doctor Abelardo Lemus Rocha, accionista del hospital y comprador original de la máquina. Consiguió tres de las cuatro declaraciones. La que no consiguió fue la del jefe de mantenimiento, porque cuando intentó localizarlo descubrió que ese hombre había renunciado al hospital en enero de 1984 —inmediatamente después de que se descubriera la contaminación— y que nadie en el hospital tenía registro de su paradero actual. O nadie quería proporcionarlo.

Sosa Márquez solicitó formalmente al hospital que entregara los datos de contacto del empleado. El hospital respondió que esa información era confidencial por protección de datos personales. Sosa Márquez solicitó una orden judicial para obtener la información. El juez negó la orden argumentando que no había evidencia suficiente de que el jefe de mantenimiento hubiera cometido un delito, que dar órdenes de trabajo rutinarias no constituía en sí mismo conducta criminal. El jefe de mantenimiento que le dijo a Vicente Sotelo que desmontara la máquina nunca fue identificado formalmente en ningún documento judicial. Su nombre no aparece en el expediente. No fue citado a declarar. No fue investigado. Desapareció de la historia oficial como si nunca hubiera existido, como si las órdenes se hubieran dado solas, como si Vicente Sotelo hubiera decidido por cuenta propia bajar al sótano del hospital a desmantelar una máquina que nadie le había pedido que tocara.

Vicente Sotelo Alardín fue citado a declarar el 3 de marzo de 1984 en las oficinas de la PGR en Ciudad Juárez. Llegó sin abogado porque no tenía dinero para pagar uno y porque nadie le había explicado que tenía derecho a solicitar un defensor de oficio. Llegó creyendo que solo iba a explicar lo que había pasado, que una vez que entendieran que él había seguido instrucciones todo quedaría aclarado.

El interrogatorio comenzó a las nueve de la mañana. El agente Sosa Márquez le explicó que estaba investigando el incidente de contaminación radiactiva. Vicente asintió. Le preguntó si sabía que la máquina que había desmontado contenía material radiactivo. Vicente respondió que no, que nadie se lo había dicho. Le preguntó quién le había dado la orden de desmantelar la máquina. Vicente respondió que su jefe de mantenimiento.

"¿Cómo se llama su jefe?"

"No sé si deba decir su nombre."

"¿Por qué no?"

"Porque trabajo ahí. Si digo su nombre, me van a correr."

"Señor Sotelo, ya no trabaja ahí. Lo despidieron en enero." Vicente no lo sabía. Nadie del hospital se lo había notificado formalmente. Simplemente había dejado de recibir llamadas para turnos. Había asumido que era temporal, que lo volverían a llamar cuando pasara el problema. Ahora entendía que no lo volverían a llamar nunca. Le dio el nombre del jefe de mantenimiento. Sosa Márquez lo anotó y continuó el interrogatorio.

"¿Le explicó su jefe qué contenía la máquina?"

"No."

"¿Le dijo que tuviera cuidado con algo específico?"

"No. Solo me dijo que sacara los fierros."

"¿Y usted no preguntó qué tipo de fierros eran?"

"No."

"¿Por qué no?"

Vicente tardó en responder. No porque no supiera la respuesta, sino porque la respuesta era obvia para él pero sonaba mal cuando la decías en voz alta frente a un agente del Ministerio Público que estaba grabando todo.

"Porque uno no pregunta. Uno hace lo que le dicen."
"¿Aunque no sepa qué está haciendo?"
"Especialmente si no sabe qué está haciendo."
Sosa Márquez no entendió la respuesta. Venía de una clase social y una trayectoria profesional donde hacer preguntas era esperado, donde cuestionar órdenes era parte del trabajo. No entendía la lógica de un mundo laboral donde preguntar demasiado era la manera más rápida de perder el empleo.

Le preguntó a Vicente si había leído algún manual de la máquina antes de desmontarla. Vicente respondió que no sabía que hubiera manual. Le preguntó si había recibido entrenamiento en manejo de equipo médico. Vicente respondió que él no manejaba equipo médico, que él arreglaba tuberías y cambiaba focos. Le preguntó por qué entonces le habían asignado desmontar una máquina médica. Vicente respondió que porque su jefe se lo había pedido y él hacía lo que su jefe le pedía.

El interrogatorio continuó durante dos horas. Al final, Sosa Márquez tenía la declaración completa de Vicente sobre cómo había desmontado la máquina, cómo había vendido el metal en el Yonke Fénix, cómo había estacionado su camioneta en la calle Aldama. También tenía la certeza de que Vicente Sotelo no tenía la menor idea de lo que había desencadenado. Pero tenía otra certeza más incómoda: que Vicente era el eslabón más débil de una cadena donde todos los eslabones fuertes tenían protección legal, recursos económicos y asesores que les dirían exactamente qué decir y qué callar.

El 8 de marzo de 1984, Vicente Sotelo fue citado nuevamente. Esta vez no a las oficinas de la PGR sino al Centro Médico de Especialidades. Le dijeron que era para una "declaración complementaria." Vicente llegó sin entender completamente qué significaba eso. Lo recibieron en una sala de juntas en el segundo piso del hospital. Había varias personas esperándolo. No le dijeron quiénes eran pero Vicente reconoció a algunos: el administrador del hospital, un hombre en traje que parecía abogado, otro hombre con cámara de video montada en un tripié. Le dijeron que se sentara. Le ofrecieron café. Vicente no quiso café.

Le explicaron que necesitaban que aclarara algunos puntos de su declaración anterior, que había confusión sobre quién exactamente le había dado la orden de desmantelar la máquina, que era importante establecer con precisión quién había actuado por cuenta propia y quién había seguido instrucciones institucionales. Vicente respondió que él había seguido instrucciones de su jefe de mantenimiento. El hombre que parecía abogado le dijo que eso era exactamente el problema, que su jefe de mantenimiento negaba haberle dado ninguna instrucción específica sobre esa máquina, que según su versión Vicente había actuado por iniciativa propia al ver material aparentemente descartado en el sótano.

Vicente dijo que eso no era cierto. El abogado le mostró un documento: una declaración firmada por el jefe de mantenimiento donde decía textualmente que "el señor Sotelo tenía autonomía para identificar y remover material en desuso sin requerir autorización específica para cada pieza." Vicente leyó el documento dos veces sin entender cómo su jefe podía decir eso cuando ambos sabían que no era verdad.

Le explicaron que necesitaban que firmara una declaración aclaratoria. Le pusieron enfrente un documento de dos páginas mecanografiadas. Vicente empezó a leerlo. El documento decía que él había entrado al sótano por cuenta propia, que había identificado la máquina como material aparentemente en desuso, que había decidido removerla sin consultar con sus superiores, que había actuado con negligencia al no verificar la naturaleza del equipo antes de desmontarlo. Vicente dejó de leer.

"Esto no es lo que ocurrió."

"Es lo que necesitamos que declare para aclarar las responsabilidades."

"Pero no es verdad."

"Señor Sotelo, entienda la situación. El hospital está enfrentando demandas millonarias. Si se establece que las órdenes de remover esa máquina vinieron de la administración del hospital, las consecuencias legales serían catastróficas. Pero si se establece que fue un error de un empleado que actuó sin autorización, el caso se simplifica."

"¿Simplifica para quién?"

"Para todos. Incluyéndolo a usted."

Vicente preguntó cómo lo incluía a él. Le explicaron que si firmaba la declaración aclaratoria, el hospital no procedería legalmente contra él, que podían demandarlo por los daños causados, que esa demanda podría arruinarlo de por vida, pero que si cooperaba, si ayudaba a clarificar que esto había sido un error individual y no institucional, el hospital consideraría el asunto cerrado. Vicente preguntó qué pasaba si no firmaba. Le dijeron que entonces tendrían que proteger los intereses del hospital por todos los medios legales disponibles.

No era exactamente una amenaza explícita. Era algo peor: una amenaza perfectamente legal, pronunciada en voz neutral, en una sala con testigos y cámara de video, donde cada palabra estaba calculada para no cruzar ninguna línea que pudiera ser usada después contra quien la decía.

Vicente pidió tiempo para pensarlo. Le dijeron que no había tiempo, que las autoridades estaban presionando por respuestas, que necesitaban la declaración firmada hoy. Vicente se negó. Pasó una hora. Le insistieron. Vicente se negó otra vez. Pasó otra hora. Le explicaron nuevamente las consecuencias de no cooperar, le dijeron que estaba poniendo en riesgo a su familia, que una demanda del hospital podría embargarle todo lo que tuviera, que tenía hijos pequeños, que pensara en ellos. Vicente siguió negándose.

Pasó la tercera hora. El tono cambió. Dejaron de explicar y empezaron a presionar. Le dijeron que estaban siendo pacientes pero que la paciencia tenía límites, que el hospital tenía recursos legales que él no tenía, que podían hacerle la vida imposible, que podían asegurarse de que nunca volviera a conseguir trabajo en ningún hospital de la región.

Después de tres horas, Vicente firmó. No porque creyera que lo que estaba firmando era verdad, sino porque calculó que pelear contra el hospital sin abogado, sin dinero, sin ningún tipo de poder institucional, era una pelea que ya había perdido antes de empezar. Firmó porque estaba cansado, porque tenía miedo, porque tres horas de presión sostenida en una sala donde todos los demás tenían más poder que él, habían hecho exactamente lo que estaban diseñadas para hacer: quebrar su capacidad de resistir.

La cámara de video grabó el momento de la firma. El notario selló el documento. El doctor Lemus, que había estado en la sala todo el tiempo sin decir una palabra, asintió satisfecho. Vicente Sotelo salió de esa sala de juntas con la certeza de que acababa de firmar su propia sentencia. No se equivocaba.

El 15 de marzo de 1984, el doctor Abelardo Lemus Rocha compareció voluntariamente ante el agente del Ministerio Público Federal para rendir su declaración sobre el incidente. Llegó con dos abogados: uno especializado en derecho administrativo, otro en derecho penal. La estrategia de su defensa era simple y había sido preparada con precisión en las semanas anteriores: establecer que el hospital había actuado de buena fe en todo momento, que la máquina había sido adquirida legalmente de un proveedor certificado en Estados Unidos, que su almacenamiento prolongado se debía a dificultades para contratar personal especializado, y que su remoción no autorizada había sido responsabilidad exclusiva de un empleado que había actuado sin instrucciones institucionales.

El agente Sosa Márquez comenzó el interrogatorio preguntando cuándo y dónde había adquirido el doctor Lemus la máquina de radioterapia. Lemus respondió que la había comprado en 1977 a través de X-ray Equipment Company en Fort Worth, Texas, un distribuidor establecido de equipo médico de segunda mano. Mostró la factura de compra: cinco mil dólares, todo documentado.

Sosa Márquez preguntó si había tramitado los permisos de importación necesarios para introducir material radiactivo a México. Uno de los abogados de Lemus intervino antes de que el doctor respondiera. Explicó que la máquina había sido adquirida como equipo médico en desuso, que en ese momento el doctor Lemus no tenía conocimiento específico de que requiriera permisos especiales de importación más allá de los trámites aduanales estándar, que no había habido intención de evadir ninguna regulación.

Sosa Márquez señaló que las regulaciones sobre importación de material radiactivo eran públicas desde 1972, que cualquier médico que comprara equipo de radioterapia tenía obligación de conocerlas. El abogado respondió que conocer la existencia de regulaciones generales no era lo mismo que conocer el proceso específico de cumplimiento, que el doctor Lemus había confiado en que el vendedor estadounidense le informaría sobre cualquier requisito especial, que el vendedor no le había mencionado nada más allá de que el equipo era funcional. Era una defensa que convertía la ignorancia deliberada en ignorancia inocente.

Sosa Márquez preguntó por qué la máquina había estado almacenada seis años sin uso. El doctor Lemus respondió que el hospital había intentado contratar un oncólogo certificado para operarla pero que los costos salariales eran prohibitivos, que habían considerado venderla pero que el mercado de equipo médico usado era limitado, que mientras tanto la habían mantenido en almacenamiento seguro esperando mejores condiciones para su uso o disposición.

Sosa Márquez preguntó si "almacenamiento seguro" incluía señalización de advertencia radiactiva. El doctor Lemus respondió que el equipo estaba en una bodega de acceso restringido, que solo personal de mantenimiento autorizado tenía acceso, que se asumía que ese personal conocía los protocolos básicos de seguridad. Sosa Márquez preguntó quién había autorizado la remoción de la máquina en diciembre de 1983. El doctor Lemus respondió que esa autorización nunca había sido dada por la administración del hospital, que la remoción había sido iniciativa de un empleado de mantenimiento que había actuado sin consultar con sus superiores.

Sosa Márquez mostró la declaración que Vicente Sotelo había firmado en la sala de juntas del hospital. El doctor Lemus la confirmó. Dijo que lamentaba profundamente que un empleado en quien confiaban hubiera tomado decisiones tan graves sin autorización. Sosa Márquez preguntó si el doctor Lemus consideraba que el hospital tenía alguna responsabilidad en lo ocurrido. El doctor Lemus respondió con una frase que aparecería en todos los reportajes de Proceso sobre el caso: "No somos culpables de los actos de un empleado desleal."

Un empleado desleal. Esa fue la caracterización oficial de Vicente Sotelo en la defensa del hospital. El hombre que había obedecido una orden, el hombre que no sabía lo que desmontaba, el hombre cuyos hijos jugaron cincuenta días en una camioneta contaminada, ese era el desleal. El doctor que compró la máquina sin permisos, que la cruzó ilegalmente, que la guardó por más de media década sin registro, que nunca puso una advertencia en la bodega, que permitió que un técnico sin entrenamiento accediera a ese material, ese doctor no era responsable de nada.

La declaración del doctor Lemus duró cuarenta y cinco minutos. Salió de las oficinas de la PGR acompañado por sus dos abogados. No volvió a ser citado. Nunca fue acusado formalmente de ningún delito.

Mientras Vicente Sotelo era interrogado sin abogado y el doctor Lemus declaraba protegido por dos, había un nombre que no aparecía en ninguna citación oficial: Clemente Licón Baca. Oficial

Mayor de la Secretaría de Energía, Minas e Industria Paraestatal. Accionista del Centro Médico de Especialidades. El hombre cuya oficina encabezaba la CNSNS, la única institución del Estado mexicano con autoridad para detectar, regular y sancionar lo que había pasado en ese hospital.

El agente Sosa Márquez sabía quién era Licón Baca. Había leído los reportajes de Miguel Ángel Granados Chapa donde se mencionaba el conflicto de interés. Había visto el organigrama institucional donde la CNSNS reportaba a la SEMIP y la SEMIP era dirigida por Licón Baca. Pero cuando Sosa Márquez sugirió en una reunión interna de la PGR que Licón Baca debería ser citado a declarar al menos para aclarar su relación con el hospital, su superior le dijo que eso no era pertinente a la investigación.

"¿Cómo no es pertinente? Es accionista del hospital donde empezó todo."

"Es accionista de muchas empresas. Eso no lo hace responsable de lo que pasa en cada una de ellas."

"Pero es también el funcionario que supervisa a la institución que debería haber inspeccionado ese hospital durante seis años y nunca lo hizo."

"La CNSNS no reporta directamente a él. Reporta a la Subsecretaría."

"Que reporta a él."

"Sosa, entiende la situación. Citar a un funcionario de ese nivel sin evidencia directa de conducta criminal sería un movimiento político que no tenemos autorización para hacer."

"¿Qué evidencia más directa que el hecho de que la institución que él supervisa no inspeccionó durante seis años un hospital del que él es socio?"

"Eso podría ser negligencia institucional. No es delito."

"¿Y quién decide dónde termina la negligencia y empieza el delito?"

"Alguien con más rango que tú y que yo."

La conversación terminó ahí. Clemente Licón Baca nunca fue citado a declarar. Nunca fue investigado por la PGR. Su nombre aparece en el expediente de la averiguación previa 79/85 exactamente dos veces: una en la lista de accionistas del Centro Médico de Especialidades proporcionada por el hospital, otra en una nota al margen donde Sosa Márquez escribió con pluma azul: "Verificar conflicto de interés SEMIP-CNSNS." Esa verificación nunca se realizó. O se realizó y alguien decidió que era mejor no documentarla.

Para junio de 1984, el agente Sosa Márquez había acumulado un expediente de trescientas cuarenta páginas. Incluía declaraciones de Vicente Sotelo, del doctor Lemus, de Ramón Estrada del Yonke Fénix, de trabajadores de ACHISA, de vecinos de la calle Aldama. Incluía informes técnicos de la CNSNS sobre niveles de contaminación. Incluía listas de estructuras demolidas. Incluía documentación de distribución de varilla. También incluía inconsistencias que Sosa Márquez había identificado pero no había podido resolver.

La primera inconsistencia era temporal: si Vicente Sotelo había desmontado la máquina el 6 de diciembre de 1983 siguiendo órdenes de su jefe de mantenimiento, ¿por qué no había ningún registro en el hospital de una orden administrativa de remover ese equipo? Los hospitales documentan todo. Hay órdenes de trabajo para cambiar un foco. No hay manera de que la remoción de una máquina de dos toneladas no hubiera generado ningún papel.

La segunda inconsistencia era técnica: si el doctor Lemus realmente no sabía que la máquina requería permisos especiales de importación, ¿cómo explicaba que hubiera comprado específicamente una máquina de radioterapia de cobalto-60? Esa especificidad implicaba conocimiento de lo que era. Y conocer lo que era implicaba conocer que contenía material radiactivo. Y conocer eso implicaba conocer que había regulaciones.

La tercera inconsistencia era institucional: ¿por qué la CNSNS nunca había inspeccionado el Centro Médico de Especialidades entre 1977 y 1983 cuando la ley les obligaba a realizar inspecciones periódicas en todas las instalaciones que manejaran material radiactivo, registrado o no?

Sosa Márquez documentó las tres inconsistencias en un memorando interno donde recomendaba ampliar la investigación para resolver esos puntos antes de determinar responsabilidades penales. El memorando fue recibido por su superior y fue archivado sin respuesta. Dos semanas después, Sosa Márquez fue transferido a otra área de la PGR. Le dijeron que era una promoción. Le asignaron casos de narcotráfico en Sinaloa. Le dijeron que su experiencia en la frontera sería valiosa para ese trabajo. El expediente de la averiguación previa 79/85 fue reasignado a otro agente. Ese agente no persiguió las inconsistencias.

En diciembre de 1984, once meses después de abrir la investigación, la PGR determinó que no había elementos suficientes para proceder penalmente contra ningún funcionario del Centro Médico de Especialidades. Determinó que Vicente Sotelo Alardín había actuado con negligencia grave al desmontar equipo sin verificar su naturaleza, pero que esa negligencia no constituía delito sino falta administrativa. Vicente no fue procesado en 1984, pero el expediente quedó abierto.

En enero de 1985, en la reunión de Veracruz donde funcionarios de distintas secretarías decidieron cerrar la fase activa de rastreo de varilla contaminada, alguien propuso cerrar también el expediente judicial. El argumento era que mantenerlo abierto generaba incertidumbre legal que afectaba la capacidad del gobierno para negociar compensaciones con víctimas, que si el expediente permanecía abierto cada familia afectada tendría esperanza de que alguien sería responsabilizado, y esa esperanza dificultaba llegar a acuerdos de cierre.

La propuesta fue aceptada. El expediente fue clasificado, sellado como información relacionada con seguridad nacional, inaccesible para consulta pública. Durante cuarenta años, ese expediente durmió en los archivos de la PGR sin que nadie supiera exactamente qué contenía, qué evidencias había recopilado Sosa Márquez, qué testimonios habían sido documentados, qué inconsistencias habían quedado sin resolver.

En 2023, un periodista solicitó acceso al expediente bajo las leyes de transparencia. La Fiscalía respondió que el expediente estaba clasificado por razones de seguridad nacional. El periodista apeló. La apelación fue negada. En 2024, el expediente sigue sellado.

Seis años después de que la PGR cerrara su investigación sin procesar a nadie, Vicente Sotelo Alardín fue arrestado. Era mayo de 1990. Los cargos: robo de propiedad del Centro Médico de Especialidades y atentado contra la salud pública. No se basaban en evidencia nueva, sino en la misma declaración que Vicente había firmado en marzo de 1984 en la sala de juntas del hospital, la declaración donde admitía haber removido la máquina sin autorización.

Vicente fue procesado sin que ninguno de los otros nombres que aparecían en el expediente fuera citado. El doctor Lemus no fue llamado a testificar. El jefe de mantenimiento que supuestamente le había dado la orden no fue localizado. Clemente Licón Baca siguió firmando documentos en su oficina de la SEMIP como si su nombre no estuviera conectado con nada.

El juicio duró ocho meses. Vicente fue declarado culpable de ambos cargos. Fue sentenciado a tres años de prisión. Entró al Cereso de Ciudad Juárez en enero de 1991. Los otros presos lo miraron cuando llegó. Preguntaron por qué estaba ahí. Vicente les contó la historia. Los presos le pusieron un apodo que Vicente cargaría el resto de su vida como marca de algo que no había causado, pero por lo que estaba pagando: El Cobalto.

En la cárcel, Vicente compartió celda con hombres que habían matado, que habían violado, que habían traficado drogas por toneladas. Ninguno de ellos entendía por qué Vicente estaba ahí. Uno de sus compañeros de celda —un hombre que cumplía condena por homicidio— le dijo algo que Vicente recordaría hasta su muerte: "Todos aquí hicimos lo que hicimos. Pero tú solo hiciste lo que te dijeron. Y eres el único que está pagando. Eso no es justicia. Es otra cosa."

Vicente salió de prisión en 1993. Tenía cuarenta y cinco años. No consiguió trabajo en ningún hospital. No consiguió trabajo en ningún negocio que requiriera referencias laborales. Terminó vendiendo fruta en un puesto en el mercado. Murió en 2004 de causas no relacionadas con radiación. Su obituario en el periódico local no mencionó el cobalto, no mencionó los tres años de cárcel, no mencionó que había sido el único procesado en el mayor desastre radiactivo de América Latina. Solo decía: "Vicente Sotelo Alardín, trabajador, padre de familia, descanse en paz."

La averiguación previa 79/85 investigó muchas cosas. Investigó quién desmontó la máquina, dónde se vendió la chatarra, cómo se distribuyó la varilla, cuántas estructuras fueron contaminadas. No investigó quién compró la máquina sabiendo que contenía material radiactivo y decidió importarla sin permisos. No investigó por qué la CNSNS no realizó ninguna inspección durante seis años a un hospital cuyo accionista era el Oficial Mayor de la secretaría que supervisaba a la CNSNS. No investigó quién decidió que era mejor no alertar al público durante una semana completa después de que Estados Unidos notificó la contaminación. No investigó quién clasificó estructuras como "tolerables bajo monitoreo" y decidió que las familias podían seguir viviendo ahí sin evacuar. No investigó por qué el mapa completo de distribución nunca fue publicado. No investigó quién decidió sellar el expediente.

Todas esas decisiones fueron tomadas por alguien. Todas tienen nombres. Todas están documentadas en algún archivo. Pero la comisión no investigó quién tomó esas decisiones porque investigar eso habría implicado investigar la arquitectura del sistema que permitió que esas decisiones se tomaran. Y esa arquitectura incluía a personas con poder, con conexiones, con abogados, con la capacidad de hacer que las investigaciones incómodas se desviaran hacia objetivos más convenientes.

La comisión investigó a Vicente Sotelo porque Vicente Sotelo era investigable. Era pobre, era prescindible, no tenía abogados que complicaran el proceso, no tenía conexiones que hicieran llamadas telefónicas, no tenía la capacidad de convertir una investigación judicial en un problema político. Vicente era el chivo expiatorio perfecto. Y el sistema lo usó exactamente para eso.

Mientras Vicente cumplía su condena en el Cereso de Ciudad Juárez, mientras su familia visitaba los domingos con la vergüenza de tener a alguien en prisión por algo que ni ellos mismos entendían completamente, en dieciséis estados de México miles de personas seguían viviendo en estructuras que contenían varilla contaminada que nunca fue removida. El siguiente capítulo documenta el costo de esa contaminación permanente. No el costo en pesos, sino el costo en cuerpos, en vidas que se acortaron, en enfermedades que aparecieron años después sin etiqueta de origen, en familias que perdieron a alguien y nunca supieron exactamente por qué. Porque el cobalto-60 no firma certificados de defunción, no deja huellas legales, solo deja vacíos. Y esos vacíos se llenan con hipótesis que nunca pueden ser probadas, con sospechas que nunca pueden ser confirmadas, con una pregunta que persiste décadas después de que el aparato burocrático cerró el expediente: ¿Cuántas personas enfermaron? ¿Cuántas murieron? El Estado decidió no saberlo. Pero los cuerpos saben.

CAPÍTULO 8
La Firma

En algún momento de febrero de 1985 —las actas no especifican la fecha exacta, lo cual ya es revelador— funcionarios de la Secretaría de Energía, Minas e Industria Paraestatal firmaron un documento titulado "Informe Final de Acciones de Mitigación y Cierre del Incidente de Contaminación Radiactiva ACHISA 1983-1984." El documento tenía ochenta y tres páginas e incluía tablas de estructuras inspeccionadas, toneladas de varilla recuperada, familias reubicadas, presupuesto ejercido. Incluía conclusiones técnicas sobre niveles de exposición, protocolos implementados, lecciones aprendidas. Incluía recomendaciones para prevenir incidentes similares en el futuro: mejora de controles fronterizos, inspecciones periódicas obligatorias a instalaciones que manejen material radiactivo, implementación de detectores de radiación en fundidoras.

El documento concluía con una frase que aparecía en letras negritas en la página final: "Se declara concluida la fase de emergencia y se considera controlada la situación de riesgo radiológico derivada del incidente." Controlada. Esa palabra implicaba que todo lo que podía hacerse se había hecho, que las estructuras peligrosas habían sido demolidas, que las familias en riesgo habían sido evacuadas, que el material contaminado había sido confinado, que el sistema había respondido adecuadamente a una crisis sin precedentes.

El documento no mencionaba las cuatro mil toneladas de varilla que seguían sin localizar. No mencionaba las cincuenta y tres estructuras clasificadas como "tolerables bajo monitoreo" donde familias seguían viviendo sin haber sido evacuadas. No mencionaba que el rastreo se había detenido no porque se hubiera completado sino porque se había agotado el presupuesto y la voluntad política. No mencionaba que la palabra "controlada" era técnicamente cierta solo si aceptabas que controlar una crisis significaba decidir hasta dónde buscar y dónde dejar de buscar.

El documento fue firmado por el secretario de la SEMIP, por el director general de la CNSNS, por representantes de la Secretaría de Salud y de la Procuraduría General de la República. Fue archivado como documento oficial de cierre del incidente. Y durante cuarenta años, ese documento fue la versión oficial de lo que había pasado y de lo que se había hecho al respecto. Cuarenta años en los que cualquier familia afectada que intentara demandar al gobierno se enfrentaba a un documento firmado que decía que la situación estaba controlada, que las acciones necesarias habían sido tomadas, que el Estado había cumplido con su responsabilidad.

El documento nunca fue publicado íntegramente en ningún medio. Secciones fueron citadas en comunicados de prensa oficiales, fragmentos aparecieron en respuestas a solicitudes de información, pero el documento completo, con sus ochenta y tres páginas de datos, tablas y conclusiones, permaneció en archivos clasificados hasta que alguien lo solicitó formalmente en 2023. Cuando finalmente fue desclasificado —cuarenta años después de su firma— lo más revelador no fue lo que contenía sino lo que había decidido omitir.

El Informe Final incluía una sección dedicada a compensaciones. Especificaba que el gobierno federal había destinado presupuesto para tres tipos de compensación: reubicación de familias evacuadas, pago por demolición de viviendas, y atención médica para personas expuestas a niveles significativos de radiación. En papel, el programa de compensaciones era comprehensivo. En la realidad, fue fragmentado, desigual y en muchos casos inexistente.

La familia Garza de Monterrey —cuya casa fue demolida en junio de 1984— recibió un departamento de interés social en 1985 después de esperar trece meses en casa de los padres de María Elena. El departamento tenía la mitad de los metros cuadrados que la casa que habían construido. No recibieron compensación económica por la diferencia de valor. Cuando Roberto preguntó si podían negociar algo más cercano al valor de su propiedad original, le dijeron que las compensaciones se basaban en avalúos oficiales y que el avalúo oficial de su casa —hecho después de la demolición, cuando ya no existía— había determinado un valor de reposición exactamente igual al del departamento que les estaban ofreciendo. Roberto intentó impugnar el avalúo. Le dijeron que no había mecanismo de apelación.

En Torreón, una familia cuya casa fue demolida en mayo de 1984 esperó dieciocho meses por vivienda de reemplazo. Durante ese tiempo vivieron en un albergue temporal compartido con otras tres familias. Cuando finalmente les asignaron una casa, estaba en un fraccionamiento a cuarenta kilómetros de la ciudad, lejos de las escuelas de sus hijos, lejos del trabajo del padre. Aceptaron porque la alternativa era seguir en el albergue.

En Culiacán, las familias evacuadas del hospital de pediatría no recibieron ningún tipo de compensación porque técnicamente no habían perdido viviendas. Sus hijos habían sido reubicados a otros hospitales por razones médicas. El gobierno argumentó que la evacuación había sido medida sanitaria necesaria, no confiscación de propiedad, y que por tanto no generaba obligación de compensar. Las familias que intentaron demandar al hospital por el traslado forzoso de sus hijos enfermos perdieron los casos. Los jueces determinaron que el hospital había actuado bajo órdenes federales que no podía desobedecer, que las muertes ocurridas durante los traslados no podían atribuirse con certeza a negligencia del hospital sino a complicaciones médicas preexistentes.

Y luego estaban las familias en las cincuenta y tres estructuras clasificadas como "tolerables bajo monitoreo." Esas familias no fueron evacuadas, por tanto, no recibieron ninguna compensación, ni vivienda de reemplazo, ni atención médica especializada, ni seguimiento de largo plazo. Técnicamente, no habían perdido nada. Solo vivían en casas que el gobierno había documentado como contaminadas pero que había clasificado como no lo suficientemente peligrosas como para justificar el costo de la evacuación.

Cuando algunas de esas familias se enteraron años después —por reportajes periodísticos o por comentarios de vecinos— de que sus casas habían estado en listas oficiales de estructuras contaminadas, intentaron contactar a la CNSNS para pedir explicaciones. Les dijeron que los niveles de radiación en sus casas estaban dentro de límites aceptables. Les preguntaron por qué entonces sus casas habían sido clasificadas como contaminadas. Les dijeron que "contaminada" era un término técnico que no necesariamente implicaba riesgo para la salud. Les preguntaron si podían revisar los registros de mediciones originales. Les dijeron que esos registros estaban en archivos que no podían ser consultados por el público. Les preguntaron si podían al menos saber qué niveles exactos se habían detectado en sus casas. Les dijeron que esa información era confidencial por razones de seguridad nacional.

El Informe Final especificaba que se implementaría un programa de seguimiento médico de largo plazo para todas las personas expuestas a niveles significativos de radiación. El programa incluiría exámenes anuales, estudios especializados de médula ósea, análisis de radiación corporal, atención preferencial en caso de desarrollar enfermedades relacionadas con exposición radiactiva. El programa fue anunciado en marzo de 1985 y funcionó durante dos años. En 1987, el presupuesto fue reducido a la mitad. Los exámenes anuales se convirtieron en exámenes cada dos años. Los estudios especializados se limitaron a casos donde ya hubiera síntomas documentados.

En 1989, el programa fue fusionado con los servicios generales del IMSS. Ya no era un programa especializado en exposición radiactiva sino atención médica estándar con una nota en el expediente que decía "antecedente de exposición a radiación ionizante." Para 1992, la nota en el expediente había desaparecido de la mayoría de los archivos médicos. Los doctores que atendían a pacientes con ese antecedente no sabían que lo tenían. No había manera de conectar síntomas actuales con exposiciones que habían ocurrido nueve años antes.

Agustín Villanueva —el joven de dieciséis años que había desarrollado azoospermia después de pasar tardes enteras junto a la Datsun blanca en la calle Aldama— fue parte del programa médico durante los primeros dos años. Le hicieron estudios completos en 1985 y 1986. Le dijeron que debía regresar en 1987 para seguimiento. Cuando llegó a su cita en 1987, le dijeron que el programa había sido reestructurado, que ahora tenía que hacer su cita a través del IMSS regular, que su expediente había sido transferido.

Agustín fue al IMSS. El expediente no había sido transferido. O había sido transferido, pero se había perdido en el proceso. Le dijeron que tendría que empezar de nuevo, que necesitaba traer todos sus estudios previos. Agustín ya no tenía los estudios. Se los habían hecho en el programa especializado, pero nunca le habían dado copias. Le habían dicho que todo quedaba archivado en su expediente. Intentó obtener copias del programa especializado. Le dijeron que el programa ya no existía, que los archivos habían sido transferidos a la Secretaría de Salud. Llamó a la Secretaría de Salud. Le dijeron que no tenían registro de ningún archivo transferido. Agustín dejó de buscar.

Siguió su vida sin seguimiento médico especializado. En 2019 —treinta y cinco años después de la exposición— desarrolló leucemia. Los médicos le preguntaron si tenía antecedentes de exposición a sustancias tóxicas. Agustín mencionó el cobalto de 1983. Los médicos jóvenes no sabían de qué hablaba. Los médicos viejos habían oído algo, pero no recordaban detalles. Nadie conectó formalmente la leucemia con la exposición de 1983. No porque la conexión fuera imposible, sino porque no había registros médicos que permitieran establecerla con certeza. Y sin certeza, no había caso legal. Y sin caso legal, no había compensación. Agustín murió en 2021. Su certificado de defunción dice: "Leucemia mieloide aguda. Causa de base: desconocida."

Entre 1985 y 1990, el gobierno federal firmó acuerdos individuales de compensación con aproximadamente doscientas familias que habían perdido sus viviendas por demolición. Los acuerdos eran confidenciales. Cada familia recibía una cantidad determinada de dinero o una vivienda de reemplazo. A cambio, firmaban una cláusula donde se comprometían a no demandar al gobierno federal, al gobierno estatal, a ACHISA, al Centro Médico de Especialidades, o a cualquier otra institución relacionada con el incidente.

La cláusula era técnicamente voluntaria. Nadie obligaba a las familias a firmarla. Pero la alternativa a firmar era litigar, y litigar requería abogados que la mayoría de las familias no podía pagar, requería años de proceso legal durante los cuales seguirían sin vivienda, requería enfrentarse a un sistema diseñado para desgastar a quien lo desafiaba. La mayoría firmó.

Una de esas familias era la de Héctor Almanza, un trabajador de construcción de treinta y ocho años cuya casa en Chihuahua había sido demolida en julio de 1984. El gobierno le ofreció doscientos mil pesos —aproximadamente seis mil dólares al tipo de cambio de 1985— como compensación por la pérdida de su vivienda. Héctor calculó que eso era menos de la mitad de lo que había invertido en construirla durante siete años. Intentó negociar. Le dijeron que la oferta no era negociable, que era eso o nada, que si rechazaba la compensación podía intentar demandar, pero que el proceso tomaría años y que no había garantía de que ganara.

Héctor consultó con un abogado. El abogado le dijo que técnicamente tenía un caso pero que litigarlo requeriría honorarios que él no podía pagar, que podían trabajar con honorarios contingentes —cobrando solo si ganaban— pero que incluso en ese escenario el proceso podría tomar cinco o seis años. Héctor tenía esposa y tres hijos. Estaban viviendo temporalmente en casa de un hermano. No podía esperar seis años. Firmó el acuerdo. Recibió los doscientos mil pesos. Compró un terreno más pequeño en las afueras de Chihuahua. Construyó una casa más pequeña que la que había perdido. Se mudó con su familia. Nunca volvió a hablar públicamente del cobalto. La cláusula de confidencialidad especificaba que no podía dar entrevistas a medios sobre el tema sin autorización previa de la Secretaría de Gobernación.

Héctor murió en 2015. Su familia intentó publicar su historia después de su muerte. Un periódico local contactó a la viuda. Le preguntaron si podían entrevistarla sobre la experiencia de su esposo. La viuda consultó con un abogado. El abogado le dijo que la cláusula de confidencialidad técnicamente seguía vigente incluso después de la muerte del firmante. La viuda decidió no arriesgarse. La historia de Héctor Almanza nunca fue publicada, como la de otras ciento noventa y nueve familias que firmaron acuerdos similares entre 1985 y 1990. Sus experiencias fueron compradas. Su silencio fue comprado. Y el gobierno pudo decir durante décadas que había compensado a las familias afectadas sin que nadie pudiera verificar si esas compensaciones habían sido justas, si habían sido suficientes, si habían sido algo más que el precio mínimo necesario para cerrar bocas.

En octubre de 1985, Aceros de Chihuahua, S.A. de C.V. —ACHISA— firmó un acuerdo con el gobierno federal para resolver su responsabilidad en el incidente. ACHISA era, en ese momento, una empresa paraestatal: propiedad del gobierno mexicano, nacionalizada durante el sexenio de López Portillo como parte del proyecto de estatización de industrias estratégicas. Lo que significa que cuando el gobierno federal negoció un acuerdo con ACHISA, estaba básicamente negociando consigo mismo.

El acuerdo especificaba que ACHISA reconocía haber procesado material contaminado sin implementar protocolos de detección radiológica adecuados, que ese fallo había resultado en la producción de varilla contaminada que había causado daños a terceros, que ACHISA aceptaba responsabilidad por esos daños. A cambio de ese reconocimiento, el gobierno federal se comprometía a no procesar penalmente a ningún directivo o empleado de ACHISA, se comprometía a proporcionar los recursos necesarios para que ACHISA implementara sistemas de detección radiológica en todas sus instalaciones, y se comprometía a absorber con presupuesto federal los costos de demolición y compensación a familias afectadas que legalmente correspondían a ACHISA.

Era un acuerdo donde el gobierno federal perdonaba a una empresa que era del gobierno federal usando dinero del gobierno federal para compensar por daños que una empresa del gobierno federal había causado. La lógica contable era impecable. La lógica moral era otra cosa. Porque el mensaje que enviaba ese acuerdo era simple: si eres lo suficientemente grande, si tienes las conexiones correctas, si eres parte de la estructura de poder, tus errores son absorbidos por el sistema. Nadie va a la cárcel. Nadie paga de su bolsillo. El costo se distribuye entre todos los contribuyentes y la responsabilidad se diluye hasta que nadie es responsable de nada.

Los ciento ochenta trabajadores de ACHISA que habían recogido tierra radiactiva con las manos en enero de 1984 no fueron parte de ese acuerdo. No recibieron ninguna compensación especial por haber sido expuestos. No recibieron ningún reconocimiento oficial de que su trabajo había puesto en riesgo su salud. Recibieron sus salarios normales y la instrucción de volver a trabajar. Benjamín de la Rosa —el operador de grúa del Yonke Fénix que había movido la chatarra contaminada docenas de veces— tampoco fue incluido en ningún acuerdo. Su empleador era privado. No había paraestatal que lo protegiera. Cuando murió de cáncer en los huesos en 1991, su familia no pudo demandar a nadie porque no podía probar conexión causal directa entre su trabajo y su enfermedad. La estructura institucional había firmado los acuerdos necesarios para protegerse a sí misma. Pero los cuerpos que habían pagado el precio más alto de la crisis no tenían suficiente valor institucional como para ser incluidos en esos acuerdos.

El 28 de febrero de 1985 —fecha que aparece en múltiples documentos oficiales como el día en que el gobierno declaró formalmente concluida la emergencia del cobalto— el secretario de la SEMIP dio una conferencia de prensa en la Ciudad de México. Anunció que las acciones de mitigación habían sido exitosas, que se habían inspeccionado más de diecisiete mil estructuras, que se habían demolido ochocientas catorce que presentaban niveles inaceptables, que se habían recuperado más de dos mil toneladas de varilla contaminada, que se había implementado un sistema de detección radiológica en todas las fundidoras del país para prevenir incidentes similares. Agradeció la colaboración de Estados Unidos en la detección inicial del problema. Agradeció el trabajo de la CNSNS, de la Secretaría de Salud, de las autoridades estatales. Reconoció que había sido una crisis sin precedentes pero que el sistema había respondido adecuadamente.

Un periodista preguntó cuántas toneladas de varilla seguían sin localizar. El secretario respondió que las cifras finales estaban siendo consolidadas. El periodista insistió: ¿había un estimado? El secretario dijo que prefería no especular con números hasta tener datos confirmados. Otro periodista preguntó cuántas personas habían sido expuestas a niveles peligrosos. El secretario respondió que todas las personas identificadas como expuestas habían sido sometidas a evaluación médica y estaban recibiendo seguimiento. El periodista preguntó cuántas eran. El secretario dijo que dar cifras específicas violaría la confidencialidad médica de los afectados. Un tercer periodista preguntó si alguien sería procesado penalmente por lo ocurrido. El secretario respondió que eso era competencia de la PGR, que la SEMIP se había enfocado en la mitigación del riesgo, no en la asignación de responsabilidades legales.

La conferencia terminó sin que el secretario revelara ningún número específico sobre toneladas sin recuperar, personas expuestas o responsables identificados. Los titulares del día siguiente fueron uniformes: "Gobierno declara controlado el incidente del cobalto en Chihuahua." "Concluye emergencia radiactiva; se recuperó la mayor parte del material contaminado." "secretario descarta riesgo actual para la población." Ningún titular mencionó las cuatro mil toneladas que seguían en algún lugar del continente. Ninguno mencionó las familias que seguían viviendo en casas contaminadas sin haber sido evacuadas. Ninguno mencionó que el expediente judicial había sido sellado sin procesar a nadie salvo a un técnico de mantenimiento que había seguido órdenes.

El gobierno había cerrado el caso. Pero el cobalto-60 tiene una vida media de 5.27 años, lo que significa que en febrero de 1985, cuando el gobierno declaró concluida la emergencia, el material que Vicente Sotelo había liberado en diciembre de 1983 todavía conservaba más del ochenta por ciento de su actividad radiactiva. Seguía emitiendo, seguía contaminando, seguía exponiendo. Solo que ahora lo hacía sin que ninguna institución del Estado estuviera buscándolo activamente, porque la emergencia había sido declarada concluida. Y declarar algo concluido es la manera más eficiente de dejar de tener que responder preguntas sobre ello.

El Informe Final de febrero de 1985 lleva cuatro firmas al calce: el secretario de Energía, Minas e Industria Paraestatal; el director general de la Comisión Nacional de Seguridad Nuclear y Salvaguardias; el subsecretario de Salud; un representante de la Procuraduría General de la República. Son firmas institucionales que representan a organismos, no son firmas personales que comprometan a individuos con nombre y apellido ante la historia. Esa es la ventaja de la burocracia: las decisiones se toman en abstracto, las responsabilidades se diluyen entre estructuras. Cuando algo sale mal, la institución es responsable pero la institución no puede ir a la cárcel. Los funcionarios que la dirigían en ese momento ya no están en ese puesto. Han sido transferidos, promovidos, jubilados. Ya no responden por lo que firmaron porque firmaron como representantes temporales de algo más grande que ellos.

Pero hay firmas que no están en ese documento. La firma del doctor Abelardo Lemus Rocha, que compró la máquina que inició todo, no está ahí porque nunca fue procesado, porque su responsabilidad nunca fue establecida formalmente, porque la averiguación previa 79/85 fue sellada antes de llegar a esa conclusión. La firma de Clemente Licón Baca, cuya oficina supervisaba a la institución que debería haber inspeccionado el hospital del que era accionista, no está ahí porque nunca fue investigado, porque su conflicto de interés nunca fue considerado relevante, porque su nombre aparece dos veces en el expediente y ninguna de esas veces como sujeto de investigación. La firma de

Vicente Sotelo Alardín tampoco está ahí porque Vicente no cerró nada. Vicente fue a la cárcel seis años después de que el gobierno declarara concluida la emergencia. Vicente firmó una confesión bajo presión en una sala de juntas del hospital, pero no firmó ningún acuerdo de cierre. A Vicente no le pidieron que cerrara nada. Le pidieron que cargara con todo.

Las firmas que importan no siempre están en los documentos oficiales. A veces están en confesiones arrancadas después de tres horas de interrogatorio. A veces están en acuerdos de confidencialidad que compran silencios. A veces están en órdenes verbales que nunca se pusieron por escrito. A veces están en decisiones que se tomaron en reuniones de las que no hay actas. Y esas firmas —las invisibles, las que el sistema decidió que era mejor no documentar— son las que definen quién pagó y quién se fue libre.

El expediente de la averiguación previa 79/85 fue sellado en febrero de 1985 bajo la clasificación de "información relacionada con seguridad nacional." El periodo de clasificación: cuarenta años. Fecha de desclasificación automática: febrero de 2025. Cuarenta años es el tiempo que toma que una generación completa nazca, crezca y tenga sus propios hijos. Es el tiempo que toma que los funcionarios que firmaron el cierre del caso se jubilen y mueran. Es el tiempo que toma que los testigos olviden detalles, que los documentos de respaldo se pierdan en mudanzas de archivos, que las víctimas se cansen de pelear y acepten que nunca habrá justicia. Cuarenta años es el tiempo suficiente para que una crisis política se convierta en historia. Y la historia, a diferencia de la crisis, no exige rendición de cuentas inmediata. Solo exige que alguien la cuente con la suficiente distancia como para que nadie vivo tenga que responder por ella.

Durante esas cuatro décadas, el expediente durmió en archivos de la Procuraduría General de la República. Trescientas cuarenta páginas que el agente Alberto Sosa Márquez había compilado en 1984 antes de que lo transfirieran a otra área: declaraciones completas de todos los interrogados, memorandos internos donde Sosa documentó las inconsistencias que nunca fueron resueltas, evidencia que conectaba puntos que el sistema había decidido que era mejor no conectar. O al menos eso era lo que se suponía que contenía, porque nadie que no tuviera las credenciales correctas había podido verificarlo durante cuarenta años.

Las familias que intentaron acceder al expediente en los ochenta fueron informadas de que estaba clasificado. Las que lo intentaron en los noventa recibieron la misma respuesta. Las que lo intentaron en los dos mil se enfrentaron a un sistema de transparencia que tenía excepciones específicamente diseñadas para proteger documentos clasificados por razones de seguridad nacional. Y la clasificación por seguridad nacional es la categoría perfecta para enterrar lo que no se quiere que se sepa, porque nadie puede cuestionar si algo realmente amenaza la seguridad nacional sin tener acceso al documento que supuestamente la amenaza. Es un círculo perfecto de opacidad.

Pero los plazos de clasificación tienen algo que los diferencian de otras formas de censura: eventualmente se cumplen. En febrero de 2025, cuarenta años después de haber sido sellado, el expediente de la averiguación previa 79/85 llegó a su fecha de desclasificación automática. Lo que ocurrió en ese momento —qué se reveló exactamente, qué contenía ese documento que había permanecido oculto durante cuatro décadas, si las respuestas que las víctimas esperaron durante tanto tiempo estaban realmente ahí o si el expediente resultó ser otra capa más de la misma opacidad— es una historia que debe contarse en su momento.

Pero antes de llegar a ese momento, antes de abrir el expediente que el Estado mantuvo cerrado durante cuarenta años, hay que entender una cosa fundamental: los documentos clasificados pueden guardarse durante décadas, los cuerpos no. Mientras el expediente esperaba su fecha de desclasificación en archivos de la PGR, en dieciséis estados de México había personas que cargaban en sus propios cuerpos la evidencia que ningún archivo oficial había documentado. Agustín Villanueva, que desarrolló azoospermia a los dieciséis años después de pasar tardes enteras junto a la Datsun blanca, no necesitaba que se desclasificara un expediente para saber lo que le había pasado. Su cuerpo era el expediente. Benjamín de la Rosa, que murió de cáncer en los huesos en 1991 después de operar la grúa electromagnética que movió la chatarra contaminada, no vivió para ver la desclasificación, pero su muerte es un documento que ningún sello de confidencialidad puede ocultar.

Las familias que perdieron sus casas, las madres que criaron hijos en estructuras que el gobierno había clasificado como "tolerables bajo monitoreo," los trabajadores que recogieron tierra radiactiva con las manos mientras los técnicos se protegían detrás de tambos de agua —todos ellos son archivos vivientes que documentan lo que realmente pasó con una precisión que ningún informe oficial puede igualar. El expediente sellado durante cuarenta años quizás contenga nombres, quizás contenga fechas, quizás contenga las respuestas a las preguntas que el agente Sosa Márquez formuló en 1984 y que el sistema decidió no perseguir. O quizás contenga solo otra versión más pulida de la misma historia oficial que el gobierno ha sostenido desde febrero de 1985. Eso se sabrá cuando el expediente se abra.

Pero lo que no depende de ninguna desclasificación es esto: el costo humano del cobalto-60 no está documentado en archivos clasificados. Está documentado en certificados de defunción que nunca conectaron causa con origen, en historias clínicas que se perdieron cuando se cerró el programa médico, en familias que pasaron décadas preguntándose si la enfermedad que mató a alguien que amaban tuvo algo que ver con una camioneta blanca en una calle de Juárez en diciembre de 1983. Esas son las respuestas que ningún expediente oficial —clasificado o desclasificado— puede proporcionar, porque el Estado decidió no buscarlas, decidió no hacer el estudio epidemiológico de largo plazo que habría conectado exposiciones con enfermedades, decidió no mantener el programa médico que habría dado seguimiento a las víctimas durante décadas, decidió que saber cuántas personas murieron generaría más problemas que no saberlo.

Y esa decisión es el verdadero expediente clasificado. No el que se abrió en febrero de 2025, sino el que nunca se escribió, el que debió haberse escrito pero que alguien decidió que era mejor no escribir. Ese expediente —el de los cuerpos que pagaron el precio, el de las familias que perdieron a alguien sin saber por qué, el de las preguntas que quedaron sin responder porque aparato gubernamental decidió que no hacerlas era más conveniente que enfrentar las respuestas— ese expediente es el que importa. Y ese expediente no tiene fecha de desclasificación porque nunca fue clasificado. Simplemente nunca fue creado.

Mientras el expediente oficial esperaba su apertura en febrero de 2025, mientras las familias que firmaron acuerdos de confidencialidad envejecían sin poder hablar, mientras las estructuras clasificadas como "tolerables" seguían habitadas cuarenta años después, los cuerpos seguían guardando la evidencia que el Estado había decidido no documentar. El siguiente capítulo intenta hacer lo que el Estado se negó a hacer: contar esos cuerpos. No todos —eso es imposible sin los estudios que nunca se hicieron— pero los que se pueden contar, los que dejaron nombres, los que dejaron familias que todavía recuerdan, los que dejaron la pregunta que persiste: ¿Fue el cobalto? El Estado dice que no puede saberlo. Los cuerpos dicen otra cosa.

CAPÍTULO 9
Lo Que Sabían

Hay una fecha que marca el principio de todo lo demás: noviembre de 1977. El doctor Abelardo Lemus Rocha entra a las instalaciones de X-ray Equipment Company en Fort Worth, Texas. Examina la Picker C-3000. Pregunta el precio. Negocia. Firma la factura de compra: cinco mil dólares por una máquina de radioterapia de cobalto-60.

La pregunta fundamental no es si compró la máquina. La factura está ahí. La transacción está documentada. El doctor Lemus nunca negó haberla comprado. La pregunta es: ¿sabía lo que compraba? Un médico cirujano que compra una máquina específicamente descrita como "teleterapia de cobalto-60" no está comprando chatarra genérica. Está comprando un dispositivo médico altamente especializado cuyo único propósito es emitir radiación ionizante de alta energía para tratamiento de cáncer.

Ese conocimiento —saber qué es una máquina de teleterapia, saber que contiene una fuente radiactiva, saber que esa fuente sigue activa mientras el isótopo no complete su desintegración natural— no es conocimiento especializado que solo tienen físicos nucleares. Es conocimiento básico que cualquier médico con interés en adquirir ese equipo tiene que tener. El vendedor de X-ray Equipment le habría explicado qué vendía. Los manuales de la máquina especificaban qué contenía. La factura misma identificaba el equipo como "radioterapia de cobalto-60." El doctor Lemus sabía lo que compraba. Lo que decidió no saber —o lo que decidió ignorar— es lo que venía después de comprarla.

Porque comprar una máquina de radioterapia en Texas en 1977 era legal. Introducirla a México sin permisos de importación de material radiactivo no lo era. La Ley Reglamentaria del Artículo 27 Constitucional en Materia Nuclear, vigente desde 1972, especificaba claramente que cualquier material radiactivo requería autorización de la Comisión Nacional de Energía Nuclear para cruzar la frontera. El doctor Lemus no tramitó esa autorización. No porque no supiera que existía —un médico que compra equipo de radioterapia sabe que hay regulaciones, sabe que el material nuclear está controlado, sabe que hay protocolos— sino porque tramitarla implicaba inspecciones, verificaciones, tiempo, posibles negativas. Y el doctor Lemus había decidido que esa máquina iba a estar en su hospital. Así que la cruzó él mismo, en su vehículo particular, sin declarar qué transportaba.

Ese día —el día específico en noviembre de 1977 cuando cruzó la frontera de Ciudad Juárez con una fuente de radiación activa en su cajuela— el doctor Lemus sabía exactamente lo que hacía. Sabía que era ilegal. Sabía que era peligroso. Y lo hizo igual.

Entre 1977 y 1983, la Picker C-3000 estuvo en el sótano del Centro Médico de Especialidades sin ningún registro oficial de su existencia. Durante esos seis años, alguien sabía que estaba ahí. El doctor Lemus sabía —él la había puesto ahí— pero no era el único. El administrador del hospital que autorizó el espacio de almacenamiento sabía que había equipo médico en desuso guardado en el sótano. Quizás no sabía exactamente qué era, pero sabía quem había algo. El jefe de mantenimiento que supervisaba las instalaciones del hospital sabía que en la bodega del sótano había una máquina verde que llevaba años sin moverse. Había visto el polvo acumularse. Había escuchado, probablemente, comentarios de empleados de limpieza que preguntaban qué era ese aparato. Quizás preguntó. Quizás le dijeron que no era su problema.

Los trabajadores de limpieza que bajaban al sótano sabían que había una máquina grande cubierta con lona al fondo de la bodega. Algunos habrían preguntado qué era. Otros simplemente la habrían ignorado. En los hospitales hay muchas cosas que no se usan y nadie las saca porque sacarlas cuesta dinero y nadie quiere gastar dinero en tirar cosas que quizás algún día sirvan para algo. Pero hay niveles de conocimiento. Saber que hay una máquina no es lo mismo que saber que esa máquina contiene material radiactivo. Y saber que contiene material radiactivo no es lo mismo que saber que está emitiendo radiación activa que puede dañar a cualquiera que pase tiempo cerca de ella.

El doctor Lemus tenía el nivel más alto de conocimiento. Él sabía exactamente qué había en esa bodega. Sabía qué riesgos implicaba. Sabía que debería haber señalización. Sabía que debería haber protocolos de acceso restringido. Sabía que debería haber registro oficial de la fuente. No hizo nada de eso durante seis años. Y esa decisión —la decisión de no hacer lo que sabía que debía hacerse— es donde el conocimiento se convierte en responsabilidad. Porque saber que algo es peligroso y no advertir a quien podría estar en peligro no es ignorancia. Es negligencia deliberada. Y la negligencia deliberada, cuando resulta en daño a terceros, tiene un nombre legal que el sistema judicial mexicano decidió no aplicar en este caso.

En algún momento de noviembre o diciembre de 1983 —el expediente no especifica la fecha exacta— alguien en el Centro Médico de Especialidades tomó la decisión de remover la máquina del sótano. Esa decisión no se tomó sola. Los hospitales no funcionan así. Un técnico de mantenimiento no baja un día al sótano por iniciativa propia y decide desmontar una máquina de dos toneladas sin que nadie se lo haya pedido. Alguien ordenó que se hiciera, y esa orden debió salir de una reunión, o de una conversación, o de un memorando, o de alguna forma de comunicación institucional donde alguien con autoridad decidió que la máquina tenía que salir y le pidió a alguien más que la sacara.

Esa reunión no está documentada. Esa conversación no está grabada. Ese memorando no existe en ningún archivo. Lo que sí existe es el resultado: Vicente Sotelo recibió la instrucción de su jefe de mantenimiento de bajar al sótano y sacar los fierros. Vicente declaró que su jefe se lo pidió. Su jefe declaró que Vicente tenía "autonomía para identificar y remover material en desuso." Vicente insistió en que había seguido una orden específica. El hospital insistió en que Vicente había actuado sin autorización. Uno de los dos está mintiendo, o ambos están diciendo verdades parciales que dejan fuera la parte incómoda: que alguien más arriba en la cadena de mando dio una instrucción que bajó verbalmente hasta llegar a Vicente sin que ningún papel la documentara.

Porque esa es la característica de las decisiones que quienes las toman saben que son cuestionables: no se escriben, se hablan, se transmiten de voz en voz. Y cuando algo sale mal, cada persona en la cadena puede decir que no fue exactamente así, que hubo un malentendido, que la responsabilidad estaba en otro eslabón. Pero alguien inició esa cadena. Alguien dijo, en algún momento de finales de 1983: "Esa máquina tiene que salir de ahí." Y esa persona sabía —o debería haber sabido— qué había en esa máquina. Si no lo sabía, entonces había operado un hospital durante seis años sin saber que tenía material radiactivo no registrado en su sótano, lo cual es negligencia institucional de una magnitud difícil de defender. Si lo sabía, entonces ordenó conscientemente la remoción de material radiactivo peligroso sin implementar ningún protocolo de seguridad, lo cual es algo peor que negligencia. En cualquiera de los dos escenarios, alguien sabía lo suficiente como para haber detenido lo que estaba pasando. Y no lo detuvo.

Esta fecha está documentada con precisión absoluta: el 18 de enero de 1984, el Departamento de Salud del estado de Texas notificó formalmente a la Comisión Nacional de Seguridad Nuclear y Salvaguardias que se había detectado contaminación radiactiva por cobalto-60 en varilla corrugada procedente de México. La llamada fue recibida por el ingeniero Hermenegildo Maldonado Mercado, jefe del área de Instalaciones Nucleares de la CNSNS. Desde ese momento, la CNSNS sabía que había material radiactivo fuera de control en algún lugar de México. No sabían dónde exactamente —eso tomaría días de rastreo— pero sabían que existía, sabían que había sido procesado por ACHISA, sabían que se había distribuido como material de construcción, y sabían que mientras no lo localizaran seguiría exponiendo a personas.

Entre el 18 de enero y el 26 de enero —ocho días— la CNSNS trabajó para rastrear la fuente. Durante esa semana, no emitió ninguna alerta pública. Esa decisión fue deliberada. No fue que se les olvidó informar, sino que decidieron no informar hasta tener información más precisa. El argumento oficial —explicado después por el ingeniero Maldonado Mercado a la revista Proceso— fue que emitir alertas generalizadas sin datos específicos causaría pánico innecesario, que era mejor trabajar silenciosamente hasta localizar la fuente y entonces comunicar con datos concretos.

Es un argumento que tiene lógica interna hasta que lo analizas desde la perspectiva de quienes seguían expuestos durante esos ocho largos días. Los vecinos de la calle Aldama siguieron viviendo junto a la Datsun blanca sin saber nada durante ocho días adicionales después de que el gobierno mexicano sabía que había material contaminado en algún lugar de Juárez. Los trabajadores de ACHISA siguieron procesando chatarra sin protección durante una semana completa. Las familias en casas recién construidas con varilla de ACHISA siguieron sus vidas sin ninguna advertencia toda la semana. Esa exposición adicional no fue accidental. Fue el costo calculado de decidir que la prudencia institucional valía más que la alerta inmediata. Y esa decisión la tomó alguien con suficiente autoridad como para decidir que ocho días de silencio eran aceptables, alguien que sabía desde el 18 de enero que había un problema grave y que decidió que administrar el pánico era más importante que proteger inmediatamente a quien podría estar en riesgo.

Clemente Licón Baca era Oficial Mayor de la Secretaría de Energía, Minas e Industria Paraestatal en 1984. Esa posición lo convertía en el segundo funcionario de más alto rango en una secretaría que supervisaba a la CNSNS. También era accionista del Centro Médico de Especialidades de Ciudad Juárez. Esos dos hechos están documentados. No son especulación. Están en registros públicos. El periodista Miguel Ángel Granados Chapa los había identificado y publicado antes del desastre.

La pregunta no es si Licón Baca tenía ese doble rol. La pregunta es qué sabía y cuándo lo sabía. Como Oficial Mayor de la SEMIP, ¿sabía que la CNSNS no había realizado ninguna inspección al Centro Médico de Especialidades entre 1977 y 1983? Como accionista del hospital, ¿sabía que había una máquina de radioterapia almacenada en el sótano sin registro oficial? Como funcionario que supervisaba a la institución encargada de regular exactamente ese tipo de material, ¿intervino de alguna manera para facilitar que esa máquina permaneciera sin inspección durante seis años?

No tenemos las respuestas a esas preguntas porque nunca fueron formuladas formalmente en ninguna investigación. Clemente Licón Baca nunca fue citado a declarar, nunca fue interrogado por la PGR. Su nombre aparece dos veces en el expediente completo del caso: una en la lista de accionistas del hospital, otra en una nota al margen del agente Sosa Márquez que dice "Verificar conflicto de interés SEMIP-CNSNS." Esa verificación nunca se realizó, o se realizó y alguien decidió que era mejor no documentarla. En cualquiera de los dos casos, el resultado es el mismo: un funcionario de alto rango que supervisaba a la institución que debería haber inspeccionado un hospital del que era socio nunca tuvo que explicar esa coincidencia. No porque la coincidencia fuera irrelevante, sino porque alguien decidió que investigarla era políticamente inconveniente.

Y esa decisión —la decisión de no investigar un conflicto de interés tan obvio que hasta un periodista sin acceso a archivos clasificados lo había identificado— también la tomó alguien que sabía que investigar a Licón Baca generaría problemas políticos que superaban el beneficio de aclarar responsabilidades, alguien que calculó que cerrar el caso sin tocar a los poderosos era preferible a abrirlo completo y ver hasta dónde llegaba la cadena de complicidades.

En la reunión de Veracruz de febrero de 1985, funcionarios de distintas secretarías se reunieron para decidir qué hacer con la información que habían acumulado durante un año de rastreo. No hay actas oficiales de esa reunión. Lo que hay son testimonios de participantes que hablaron años después bajo condición de anonimato. Uno de esos testimonios fue recogido por Regeneración Radio en 2008. El participante recordaba una frase específica que había sido dicha en esa reunión: "Se nos dijo que se trataba de un asunto de seguridad nacional. Que la información sobre el alcance real del desastre no podía ser pública porque generaría pánico. Que la función de la CNSNS era salvaguardar la seguridad de la población, no comprometer la economía de las empresas productoras de varilla."

La economía de las empresas. No la salud de las víctimas. La economía de las empresas. Esa priorización no fue accidental. Fue explícita. Fue dicha en voz alta en una sala donde estaban presentes representantes de múltiples secretarías de Estado. Y nadie en esa sala se levantó y dijo que eso estaba mal, nadie dijo que la función del Estado era proteger a las personas no a las empresas, nadie dijo que si la verdad generaba pánico era porque la verdad era tan grave que merecía generar pánico. Todos los presentes en esa sala escucharon esa priorización y todos la aceptaron, porque aceptarla era lo que se esperaba de funcionarios que entendían cómo funcionaba el sistema.

Esos funcionarios sabían que había miles de toneladas de varilla contaminada sin localizar. Sabían que había familias viviendo en casas que ellos mismos habían clasificado como contaminadas pero tolerables. Sabían que el rastreo se había detenido no por estar completo sino por falta de presupuesto y voluntad política. Y decidieron que esa información no debía ser pública. Esa decisión la tomaron personas con nombres, con cargos, con responsabilidades institucionales. Personas que después de tomar esa decisión siguieron con sus carreras, fueron promovidas, se jubilaron con pensiones completas, murieron sin haber tenido que responder nunca por lo que decidieron en esa sala.

Hay cosas que este libro no puede afirmar con certeza absoluta porque los documentos necesarios para probarlas siguen sellados, perdidos o nunca existieron. No puedo afirmar que el doctor Lemus ordenó específicamente a su jefe de mantenimiento que removiera la máquina sabiendo que contenía material radiactivo —esa orden, si existió como orden explícita y no como decisión administrativa vaga, no está documentada. No puedo afirmar que Clemente Licón Baca intervino directamente para evitar que la CNSNS inspeccionara el Centro Médico de Especialidades —esa intervención, si ocurrió, no dejó rastro en ningún expediente accesible. No puedo afirmar los nombres específicos de todos los funcionarios que decidieron en la reunión de Veracruz que la economía de las empresas era más importante que la salud de las víctimas —esos nombres no aparecen en las actas porque no hay actas.

Pero lo que sí puedo afirmar es esto: el doctor Lemus compró una máquina de radioterapia en 1977 sabiendo qué era. Eso está documentado en la factura de compra. Esa máquina cruzó la frontera sin los permisos requeridos. Eso está documentado en la ausencia de cualquier registro de importación. La máquina estuvo seis años en el hospital sin inspección de la CNSNS. Eso está documentado en los propios archivos de la CNSNS. Clemente Licón Baca era simultáneamente Oficial Mayor de la SEMIP y accionista del hospital. Eso está documentado en registros públicos. La CNSNS no emitió alerta pública durante ocho días después de saber que había material contaminado. Eso está documentado en la cronología oficial. El rastreo se detuvo dejando cuatro mil toneladas sin localizar. Eso está documentado en los propios informes de la CNSNS. Familias siguieron viviendo en estructuras clasificadas como contaminadas sin ser evacuadas. Eso está documentado en las categorías de "tolerable bajo monitoreo." Vicente Sotelo fue el único procesado penalmente. Eso está documentado en registros judiciales.

Todos esos hechos, tomados individualmente, podrían tener explicaciones inocentes. Tomados en conjunto, forman un patrón. Y ese patrón tiene un nombre. No es conspiración en el sentido cinematográfico de villanos reunidos en salas oscuras planeando deliberadamente causar daño. Es algo más ordinario y más perturbador: un sistema donde cada persona en una posición de poder toma la decisión que protege su posición, donde cada funcionario prioriza lo que es conveniente sobre lo que es correcto, donde la arquitectura institucional está diseñada específicamente para que las responsabilidades se diluyan y los costos caigan siempre sobre quienes tienen menos poder para defenderse. Ese sistema funcionó exactamente como fue diseñado. Y todos los que participaron en él sabían lo suficiente como para haber detenido lo que estaba pasando.

No lo detuvieron porque detenerlo habría requerido admitir que el sistema estaba roto. Y admitir que el sistema estaba roto habría requerido cambiarlo. Y cambiar el sistema habría requerido que alguien con poder estuviera dispuesto a perder ese poder para hacer lo correcto. Nadie estuvo dispuesto.

El título de este libro es "El Jefe Sabía: Cobalto-60 y la Radiación que Expuso Nuestra Fragilidad." La fragilidad no es solo la fragilidad del cuerpo humano ante la radiación ionizante. Es la fragilidad de un sistema de protección que falla en el momento exacto en que debería funcionar. Es la fragilidad de instituciones que existen en papel pero que no operan en la realidad cuando hacerlo sería inconveniente. Es la fragilidad de una democracia donde los ciudadanos confían en que el Estado los protegerá y el Estado decide que protegerlos es menos importante que proteger la economía de las empresas.

El cobalto-60 no expuso esa fragilidad, la reveló. Porque esa fragilidad estaba presente en las regulaciones que existían sin embargo no se aplicaban, en las inspecciones que debían realizarse pero que tampoco se realizaban, en los conflictos de interés que eran obvios, pero se dejaban sin investigar, en las decisiones que se tomaban en reuniones sin actas donde funcionarios decidían qué verdades eran seguras para el público y cuáles era mejor ocultar. El cobalto-60 solo hizo visible lo que siempre había estado ahí: que el sistema estaba diseñado para proteger a quienes tenían poder, no a quienes lo necesitaban.

Y todos los que participaron en ese sistema —desde el doctor que compró la máquina hasta los funcionarios que sellaron el expediente— sabían eso. Quizás no lo admitían en voz alta. Quizás ni siquiera se lo admitían a sí mismos. Pero lo sabían de la manera en que se saben las cosas incómodas: sin pensar demasiado en ellas, sin cuestionarlas demasiado, porque cuestionar requiere estar dispuesto a cambiar. Y cambiar es difícil, especialmente cuando el sistema te ha dado una posición cómoda dentro de él.

Mientras el expediente desclasificado circula en formato PDF sin revelar nada que no se supiera ya, mientras las familias que firmaron acuerdos de confidencialidad envejecen sin poder hablar, mientras las estructuras clasificadas como "tolerables" siguen habitadas cuarenta años después, hay una última pregunta que este libro no puede responder pero que debe formular: ¿Cuántas personas murieron? No cuántas fueron expuestas —eso lo sabemos: miles. No cuántas estructuras fueron contaminadas —eso también: miles. La pregunta es: de las personas expuestas, ¿cuántas desarrollaron cáncer? ¿Cuántas murieron de ese cáncer? ¿Cuántas de esas muertes pueden conectarse con certeza razonable a la exposición de 1983?

El Estado decidió no saberlo. Decidió no hacer el estudio epidemiológico de largo plazo que habría respondido esas preguntas. Decidió que no hacer el estudio era preferible a enfrentar las respuestas. Y esa decisión —tomada por alguien, en algún momento, en alguna reunión— es quizás la más reveladora de todas, porque significa que alguien calculó que saber cuántas personas murieron generaría más problemas que no saberlo. Y ese cálculo es la definición exacta de lo que significa que El Jefe Sabía.

El siguiente capítulo intenta hacer lo que el Estado se negó a hacer: contar los cuerpos. No todos —eso es imposible sin los estudios que nunca se hicieron— pero los que se pueden contar, los que dejaron nombres, los que dejaron familias, los que dejaron la pregunta que persiste: ¿Fue el cobalto? El Estado dice que no puede saberlo. Los cuerpos dicen otra cosa. Y cuando los cuerpos hablan, la verdad deja de ser administrativa y se vuelve humana. Y lo humano no puede sellarse durante cuarenta años. Solo puede ignorarse. Y el costo de ignorarlo es lo que documenta el capítulo final.

CAPÍTULO 10

El Precio Real

Cuarenta años después de ser sellado, el expediente de la averiguación previa 79/85 fue desclasificado. La fecha exacta fue el 15 de febrero de 2025, un domingo. El documento apareció en el portal de transparencia del gobierno mexicano sin comunicado de prensa, sin conferencia, sin ningún tipo de ceremonia que marcara el momento. Simplemente se publicó como se publican miles de documentos administrativos cada año: con un número de folio, una descripción técnica y un enlace de descarga.

El archivo PDF pesa 8.4 megabytes. Tiene sesenta y cuatro páginas. Se titula "Accidente por Contaminación con Cobalto-60, Cd. Juárez, Chihuahua, México, 1984." Durante cuatro décadas, ese expediente representó la esperanza de que algún día se sabría la verdad completa, que los nombres que nunca fueron procesados aparecerían ahí, que las inconsistencias documentadas serían resueltas, que después de cuarenta años de espera finalmente habría respuestas. Las víctimas que todavía vivían lo esperaron. Los hijos de las víctimas que habían muerto lo esperaron. Los periodistas que habían cubierto el caso en 1984 lo esperaron.

Cuarenta años de espera para sesenta y cuatro páginas que no respondían ninguna de las preguntas que importaban.

El documento es, esencialmente, una versión condensada del mismo Informe Final que se firmó en febrero de 1985: las mismas cifras, las mismas conclusiones, la misma narrativa donde la burocracia respondió adecuadamente a una crisis sin precedentes. No contiene las trescientas cuarenta páginas que Sosa Márquez compiló. No identifica al jefe de mantenimiento que le dio la orden a Vicente Sotelo. No documenta ninguna investigación sobre Clemente Licón Baca. No menciona los ocho días de silencio mientras miles seguían expuestos, no menciona las cincuenta y tres estructuras clasificadas como "tolerables" donde familias siguieron viviendo, no menciona las cuatro mil toneladas que nunca fueron localizadas, no menciona que Vicente Sotelo fue el único procesado penalmente, no menciona que el doctor Lemus nunca fue acusado, no menciona nada que pudiera generar responsabilidad legal cuarenta años después.

El expediente desclasificado es la prueba perfecta de que algunas verdades pueden mantenerse ocultas incluso después de que dejan de ser secretas, que la opacidad no siempre requiere sellos de clasificación, que a veces solo requiere decidir qué documentar y qué omitir.

Agustín Villanueva Sánchez nació el 12 de marzo de 1968 en Ciudad Juárez, Chihuahua. Era el segundo de cuatro hijos. Su padre trabajaba en una maquiladora de arneses para automóviles. Su madre limpiaba casas. Vivían en la colonia Altavista en una casa de tres recámaras que compartían con los abuelos maternos de Agustín. En diciembre de 1983, Agustín tenía quince años. Cursaba el primer año de preparatoria. Jugaba fútbol los fines de semana en un equipo informal del barrio. Tenía una novia que se llamaba Leticia y con quien planeaba casarse cuando terminara la universidad porque Agustín tenía planes: quería estudiar ingeniería, quería construir cosas, quería salir de la pobreza que había sido la única constante de su vida. La calle Aldama estaba a dos cuadras de su casa. Pasaba por ahí todos los días camino a la escuela. A veces se detenía a platicar con los amigos que se juntaban alrededor de la Datsun blanca que llevaba semanas estacionada en el callejón. A veces se sentaba en el cofre a esperar que Leticia saliera de su casa para caminar juntos. No recuerda cuántas veces exactamente —quizás veinte, quizás treinta— porque no había razón para contar algo tan ordinario como sentarse en el cofre de una camioneta vieja mientras esperabas a tu novia.

En marzo de 1984, tres meses después de que la camioneta fue removida, Agustín empezó a sentir un cansancio que no se quitaba con descanso. Dejó de jugar fútbol porque no tenía energía. Sus calificaciones bajaron porque no podía concentrarse en clase. Su madre pensó que era flojera de adolescente y le dijo que se pusiera las pilas, que la escuela era importante, que no desperdiciara la oportunidad que ella y su padre nunca habían tenido. Agustín intentó ponerse las pilas, pero el cansancio seguía ahí.

En junio notó que las uñas de sus manos habían cambiado de color, de rosa pálido a gris oscuro, un gris que parecía venir de adentro, como si algo debajo de la uña se estuviera pudriendo lentamente. Su madre lo llevó al centro de salud. El doctor lo revisó y le hizo preguntas sobre su dieta, sobre si consumía drogas, sobre si había estado expuesto a químicos en algún trabajo. Agustín respondió que no a todo, que solo iba a la escuela, que jugaba fútbol, que no hacía nada fuera de lo normal. El doctor le ordenó análisis de sangre. Los resultados llegaron dos semanas después.

El doctor llamó a la madre de Agustín a su consultorio y le explicó con voz cuidadosa que Agustín tenía un problema serio, que los análisis mostraban daño en la médula ósea, que eso había causadoalgo llamado azoospermia, que significaba que Agustín no producía espermatozoides. La madre de Agustín preguntó si eso se podía curar. El doctor respondió que no, que el daño era permanente. Ella preguntó qué lo había causado. El doctor dijo que no estaba seguro, que podría ser genético, que podría ser exposición a algún químico, que sin más estudios era imposible determinarlo. Ella preguntó qué estudios. El doctor dijo que estudios especializados que tendrían que hacerse en Chihuahua o en Monterrey, que costarían dinero que probablemente ella no tenía. Ella no tenía ese dinero.

Cuando la CNSNS comenzó el rastreo de víctimas en la calle Aldama, Agustín fue identificado como uno de los casos más severos. Lo incluyeron en el programa médico de seguimiento. Le hicieron estudios completos en 1985 y 1986. Le explicaron que había estado expuesto a radiación, que eso había causado el daño en su médula ósea, que tendría que hacer revisiones periódicas el resto de su vida. Le preguntó al doctor si alguna vez podría tener hijos. El doctor le dijo que no. Agustín tenía dieciséis años cuando le dijeron que nunca sería padre.

Se lo dijo a Leticia una tarde de septiembre de 1986, sentados en una banca del parque donde solían verse. Leticia lloró. Agustín no lloró porque había aprendido desde muy chico que los hombres no lloran, que el dolor se guarda adentro, que las lágrimas son debilidad. Leticia y Agustín terminaron tres meses después. Ella nunca le dijo que era por eso. Dijo que habían cambiado, que querían cosas diferentes, que era mejor dejarlo así. Agustín sabía que era por eso. No la culpó. Entendía que ella quería tener hijos algún día. Entendía que él no podía darle eso. Entendía que lo mejor que podía hacer porella era dejarla ir.

El programa médico de seguimiento terminó en 1992. Le dijeron que los recursos se habían agotado, que ahora tenía que continuar su atención a través del IMSS regular. Cuando fue al IMSS, no había registro de su expediente. Los doctores nuevos no sabían de su exposición a radiación. Empezó de cero cada vez que necesitaba atención médica. Dejó de ir.

Agustín nunca estudió ingeniería. Trabajó en la misma maquiladora donde trabajaba su padre, ensamblando arneses, ocho horas diarias, seis días a la semana, durante treinta y tres años. Se casó en 1995 con una mujer que sabía desde el principio que no podrían tener hijos. Adoptaron una niña en 1998. La niña creció. Se fue a estudiar a Monterrey. Formó su propia vida.

En 2019, Agustín empezó a sentir dolores en los huesos que no cedían con analgésicos. Fue al médico. Le hicieron estudios. Le diagnosticaron leucemia mieloide aguda. Le preguntaron si tenía antecedentes de exposición a sustancias tóxicas. Agustín mencionó el cobalto de 1983. Los médicos jóvenes no sabían de qué hablaba. Los médicos viejos habían oído algo, pero no recordaban detalles. Nadie tenía acceso a sus expedientes de los años ochenta porque esos expedientes se habían perdido cuando cerraron el programa especializado. Nadie pudo confirmar formalmente que su leucemia tuviera relación con la exposición de treinta y cinco años antes. Sin confirmación formal, no había caso legal. Sin caso legal, no había compensación. Agustín recibió quimioterapia durante año y medio. Su esposa tuvo que dejar su trabajo para cuidarlo. Gastaron todos sus ahorros en tratamientos que el IMSS no cubría completamente. Vendieron su carro. Empeñaron lo que pudieron empeñar. Agustín Villanueva Sánchez murió el 8 de marzo de 2021, cuatro días antes de cumplir cincuenta y tres años. Su certificado de defunción dice: "Leucemia mieloide aguda. Etiología: indeterminada."

En su funeral, su hija —la niña que habían adoptado en 1998— leyó una carta que Agustín había escrito dos semanas antes de morir: "No estoy enojado con nadie. No puedo estar enojado con algo que no entiendo completamente. Pero sí quisiera que alguien me dijera si todo esto —las uñas grises, nunca poder tener hijos, el cáncer— tiene que ver con esa camioneta blanca de la calle Aldama. No para demandar. Solo para saber. Porque morir sin saber es como morir dos veces: una vez el cuerpo y otra vez la posibilidad de que tu muerte signifique algo."

Nadie le respondió esa pregunta mientras vivió. El expediente desclasificado en 2025 tampoco se la respondió. Su nombre no aparece ahí.

Benjamín de la Rosa tenía cincuenta y nueve años en diciembre de 1983. Llevaba veintidós años trabajando en el Yonke Fénix como operador de la grúa electromagnética. Era bueno en su trabajo. Conocía el peso del metal con solo mirarlo. Sabía exactamente dónde posicionar el electroimán para levantar la carga sin que se desequilibrara. Había operado esa grúa durante tantos años que el movimiento de las palancas era memoria muscular pura, algo que su cuerpo hacía sin que su cerebro tuviera que pensarlo.

Entre el 9 y el 16 de diciembre de 1983, Benjamín movió la chatarra del Centro Médico de Especialidades docenas de veces. La levantó con el electroimán, la transportó de un contenedor a otro, la clasificó por tipo de metal, la preparó para envío a ACHISA. Cada vez que el electroimán pasaba cerca de los gránulos de cobalto-60, recogía algunos, los transportaba mezclados con chatarra común, los depositaba en otros contenedores donde se mezclaban con metal de otras procedencias. Benjamín no sabía que estaba distribuyendo material radiactivo por todo el patio del yonke. No podía saberlo. Nadie le había dado un medidor Geiger. Nadie le había explicado qué era el cobalto-60. Nadie le había dicho que algunos tipos de chatarra pueden ser letales.

En enero de 1984, cuando la CNSNS llegó a inspeccionar el Yonke Fénix, midieron niveles de radiación elevados en la cabina de la grúa que Benjamín operaba. Midieron los niveles en su cuerpo. Estaban entre los más altos documentados en todo el incidente. Le explicaron que había estado expuesto a radiación, que tendría que hacer revisiones médicas periódicas. Le ofrecieron licencia médica temporal sin goce de sueldo. Benjamín preguntó cuánto tiempo duraría la licencia. Le dijeron que no podían determinarlo con exactitud, que dependeríade cómo evolucionara su condición.

Benjamín tenía esposa y cuatro hijos. El mayor estaba en la preparatoria. Los otros tres en primaria. No podía permitirse dejar de trabajar sin sueldo por un tiempo indeterminado. Rechazó la licencia. Volvió a operar la grúa. Trabajó seis años más en el Yonke Fénix. En 1990 se jubiló. Su plan era disfrutar la jubilación pescando en la presa de Chihuahua, visitando a sus hijos que ya tenían sus propias familias, descansando después de cuarenta y un años de trabajo.

En enero de 1991, once meses después de jubilarse, empezó a sentir dolores en las piernas que no cedían. Fue al médico. Le hicieron radiografías. Encontraron lesiones en los huesos. Le hicieron más estudios. Le diagnosticaron cáncer en los huesos, un tipo agresivo, poco común. Le preguntaron si había estado expuesto a radiación. Benjamín les contó del cobalto, les dijo que lo habían revisado en 1984, que le habían dicho que tenía niveles altos pero que podía seguir trabajando. Los médicos buscaron sus expedientes de 1984. No los encontraron. Le preguntaron si él tenía copias. Benjamín nunca había recibido copias. Le habían dicho que todo quedaba archivado en su expediente médico. Sin los expedientes, era imposible establecer conexión formal entre su trabajo en el yonke y su cáncer. Sin conexión formal, no había compensación por enfermedad ocupacional.

Benjamín recibió quimioterapia. No funcionó. El cáncer era demasiado agresivo. Se había metastizado a la columna vertebral, a las costillas, a los huesos de la pelvis. Los últimos tres meses de su vida los pasó en una cama de hospital en el IMSS de Chihuahua. El dolor era tan intenso que los analgésicos normales no funcionaban. Le daban morfina cada cuatro horas. Entre dosis, el dolor volvía con una intensidad que hacía que Benjamín —un hombre que había trabajado con metal pesado durante cuarenta y un años sin quejarse nunca de nada— llorara. Su esposa, María del Carmen, estuvo con él todos los días. Sus hijos lo visitaban por turnos porque no podían estar todos juntos en la habitación y porque alguien tenía que seguir trabajando para pagar los gastos que el IMSS no cubría.

Benjamín de la Rosa murió el 23 de agosto de 1991 a los sesenta y cinco años de edad. Su certificado de defunción dice: "Osteosarcoma metastásico. Etiología: desconocida."

Después de su muerte, su esposa María del Carmen intentó demandar al Yonke Fénix por exposición ocupacional. Consultó con un abogado. El abogado le explicó que sería imposible ganar sin poder probar conexión causal directa entre el trabajo de Benjamín y su cáncer, que esa prueba requería los expedientes médicos de 1984 que no existían, que Benjamín había fumado durante treinta años, lo cual el Yonke Fénix argumentaría como factor confusor, que el proceso podría tomar años y costar más de lo que ella podría pagar. María del Carmen abandonó la demanda.

Siguió trabajando como empleada doméstica hasta los setentay tres años. Se jubiló en 2005. Vive en una casa de interés social en las afueras de Chihuahua. Tiene ochenta y dos años, cuatro hijos, once nietos, tres bisnietos. Cuando le preguntan de qué murió su esposo, dice que de cáncer. No menciona el cobalto porque la mayoría de la gente no sabe qué significa eso, y porque explicarlo requiere volver a vivir la impotencia de ver morir a alguien que amas sabiendo que lo que lo mató pudo haberse evitado si alguien —en algún punto de la cadena de decisiones que va desde un hospital en Juárez hasta un yonke en la frontera— hubiera decidido que proteger la vida de un trabajador valía más que el costo de implementar protocolos de seguridad.

El nombre de Benjamín de la Rosa no aparece en el expediente desclasificado.

En febrero de 1985, cuando el gobierno declaró concluida la fase de emergencia del incidente del cobalto, se habían recuperado dos mil trescientas sesenta toneladas de varilla contaminada. ACHISA había producido seis mil seiscientas toneladas de varilla con chatarra del Yonke Fénix entre el 14 de diciembre de 1983 y el 3 de enero de 1984. La diferencia: cuatro mil doscientas cuarenta toneladas.

Esa cifra apareció en informes internos de la CNSNS en 1984, apareció en memorandos donde técnicos documentaban que el rastreo estaba lejos de completarse, apareció en reuniones donde se discutió si era viable continuar las inspecciones masivas o si era mejor transitar a un protocolo de monitoreo pasivo. Esa cifra no apareció en ningún comunicado público, no apareció en las conferencias de prensa donde el gobierno anunció que la situación estaba controlada, no apareció en el Informe Final de febrero de 1985, no apareció en el expediente desclasificado en 2025.

Pero las cuatro mil toneladas están en algún lugar. Están en columnas de casas que nunca fueron inspeccionadas porque el distribuidor que vendió la varilla no guardó registros completos de a quién se la vendió. Están en losas de edificios que se construyeron poco a poco durante años mezclando varilla de diferentes proveedores. Están en estructuras en zonas rurales donde el rastreo se consideró impracticable porque no había registros de construcción formales, porque las casas se levantaron sin permisos, porque la informalidad que caracteriza buena parte de la construcción en México hace imposible rastrear cada barra de varilla. Están en algún lugar del continente.

Y las personas que viven en esas estructuras no lo saben. No porque no haya manera de saberlo —habría manera: inspeccionar cada estructura construida entre diciembre de 1983 y junio de 1984 en los estados donde se distribuyó varilla de ACHISA, usar detectores de radiación casa por casa, demoler las que presenten niveles inaceptables, reubicar a las familias afectadas. Eso se habría podido hacer en 1984, se habría podido hacer en 1990, se habría podido hacer en 2000, se habría podido hacer en 2010, se habría podido hacer en 2020.

No se hizo porque el costo de hacerlo —en dinero, en logística, en reconocimiento público de que el problema nunca fue resuelto completamente— superaba el beneficio político de dejarlo enterrado. Y enterrado no significa que desapareció. Significa que está ahí, emitiendo radiación con la paciencia infinita del cobalto-60, esperando a que alguien con suficiente autoridad decida que encontrarlo es más importante que no saber dónde está.

Cuarenta y un años después del incidente, las cuatro mil toneladas siguen esperando.

En 2019, investigadores de la Universidad Autónoma de Coahuila realizaron un estudio sobre la persistencia de contaminación radiactiva en estructuras identificadas como afectadas en los años ochenta. Seleccionaron una muestra de veinte casas en Torreón que aparecían en las listas de la CNSNS como "estructuras con niveles elevados bajo monitoreo." De esas veinte casas, diecisiete seguían habitadas. Los investigadores tocaron puertas, explicaron que estaban haciendo un estudio sobre calidad ambiental, pidieron permiso para realizar mediciones con detectores de radiación. Once familias les dieron permiso. En nueve de esas once casas, los detectores registraron niveles de radiación por encima del fondo natural. No niveles tan altos como en 1984 —el cobalto-60 había perdido actividad con el paso del tiempo— pero todavía emitía, todavía era detectable, todavía estaba ahí.

La mayoría de las familias se enteró por primera vez en 2019 —treinta y cinco años después del incidente— de que sus casas habían sido identificadas como contaminadas en los ochenta. Una de esas familias llevaba viviendo en su casa desde 1986. La habían comprado de segunda mano. El dueño anterior nunca les mencionó nada sobre radiación. El notario que tramitó la venta tampoco. No había ninguna restricción en la escritura, nada en el certificado de habitabilidad, nada que indicara que esa casa era diferente a cualquier otra casa del fraccionamiento. Habían criado tres hijos ahí. Los hijos habían crecido, se habían ido, habían formado sus propias familias.

Ahora los dueños originales eran abuelos. Vivían solos en esa casa. Tenían setenta y dos y setenta años.

Cuando los investigadores les dijeron que los detectores habían encontrado niveles elevados, la señora preguntó si eso era peligroso. Los investigadores respondieron con la honestidad técnica de quien no quiere alarmar, pero tampoco puede mentir: que los niveles actuales no representaban riesgo inmediato para la salud, pero que exposición crónica durante décadas podía aumentar estadísticamente el riesgo de cáncer. La señora preguntó si sus hijos podían haber sido afectados. Los investigadores respondieron que sin estudios médicos retrospectivos era imposible determinarlo. La señora preguntó si podían hacer esos estudios. Los investigadores respondieron que eso dependería de las autoridades de salud, que ellos solo estaban haciendo un estudio académico sobre persistencia de contaminación ambiental.

La señora preguntó a quién podía contactar para pedir esos estudios. Los investigadores le dieron un número de teléfono de la CNSNS en la Ciudad de México. La señora llamó. Le dijeron que su solicitud sería registrada, que alguien la contactaría. Nadie la contactó. Llamó de nuevo tres meses después. Le dijeron que no había registro de su llamada anterior, que tendría que volver a explicar su situación. Explicó otra vez. Le dijeron que registrarían su solicitud, que alguien la contactaría. Nadie la contactó.

La señora decidió no insistir más. Tenía setenta y dos años. Había vivido en esa casa treinta y tres años. Si la radiación iba a matarla, probablemente ya habría empezado. Si no la había matado en treinta y tres años, quizás no la mataría en los años que le quedaban. Esa lógica —la lógica de quien ha aprendido que pelear contra el sistema es más agotador que vivir con la incertidumbre—es la que mantiene habitadas las estructuras "tolerables." No porque las familias hayan decidido conscientemente que el riesgo es aceptable, sino porque el sistema les dio a elegir entre pelear sin garantía de ganar o aceptar que algunas cosas simplemente son así y no hay nada que puedan hacer al respecto.

La mayoría eligió aceptar, porque aceptar es menos caro que pelear, y cuando tienes poco dinero la pelea es un lujo que no puedes pagar.

En abril de 1984, el doctor Benjamín Leal de la UNAM propuso un estudio epidemiológico de largo plazo para documentar los efectos de la exposición al cobalto-60 en la población afectada. El estudio incluiría seguimiento médico de todas las personas identificadas como expuestas durante al menos veinte años: exámenes anuales, análisis de sangre, estudios de radiación corporal, documentación rigurosa de cualquier enfermedad que desarrollaran, especialmente cánceres, para determinar si había correlación estadística con la exposición. El estudio costaría aproximadamente cuarenta millones de pesos distribuidos en veinte años.

La propuesta fue presentada a la Secretaría de Salud y fue archivada sin respuesta. El doctor Leal insistió. Presentó la propuesta de nuevo en 1985 con presupuesto ajustado: veinticinco millones de pesos, quince años en lugar de veinte. Fue rechazada con el argumento de que no había presupuesto disponible para estudios de esa magnitud. El doctor Leal redujo el alcance. Propuso un estudio más limitado: seguimiento de cien personas durante diez años, diez millones de pesos. Fue rechazado otra vez.

En 1987, el doctor Leal publicó un artículo en una revista médica mexicana donde argumentaba que la negativa del gobierno a financiar estudios epidemiológicos de largo plazo era, en sí misma, una decisión con implicaciones éticas graves, que significaba que el Estado había decidido que no quería saber cuántas personas habían enfermado o muerto como resultado de la exposición, que esa decisión protegía al gobierno de responsabilidad legal futura pero dejaba a las víctimas sin ninguna posibilidad de establecer conexión formal entre sus enfermedades y la exposición. El artículo fue publicado. No generó ninguna respuesta oficial. No cambió ninguna política. El estudio nunca se realizó.

Y sin el estudio, cada víctima que desarrolló cáncer en los años siguientes se enfrentó al mismo problema: no poder probar que su enfermedad tenía relación con el cobalto. Porque probar esa relación requería datos que el Estado había decidido no recopilar. Y sin datos, no había caso legal. Y sin caso legal, no había compensación.

Vicente Sotelo Alardín salió de prisión en enero de 1993. Tenía cuarenta y cinco años. Había cumplido tres años de condena por robo y atentado contra la salud pública. Era el único procesado penalmente en el mayor desastre radiactivo de América Latina. Cuando salió, su esposa lo esperaba afuera del Cereso de Ciudad Juárez. Sus dos hijos —que tenían dieciocho y dieciséis años cuando entró— habían crecido visitándolo los domingos, cargando con el estigma de tener a su padre en la cárcel, respondiendo las preguntas de compañeros de escuela sobre por qué su papá estaba preso.

Vicente no consiguió trabajo en ningún hospital, no consiguió trabajo en ninguna maquiladora que verificara referencias laborales. Terminó vendiendo fruta en un puesto en el mercado Cuauhtémoc: sandías en verano, naranjas en invierno, mazanas y plátanos todo el año. Llegaba a las cinco de la mañana a apartar su lugar. Se iba a las siete de la noche cuando ya no había clientes. Ganaba lo suficiente para comer, no ganaba lo suficiente para olvidar.

En 1998, un periodista de El Diario de Juárez lo localizó para un reportaje sobre el aniversario del incidente. Le preguntó si estaba enojado con alguien. Vicente respondió: "¿Enojado con quién? Yo hice lo que me dijeron. Eso fue mi error: obedecer sin preguntar. Pero el doctor que compró esa máquina, el jefe que me dijo que la sacara, el gobierno que sabía que estaba ahí y nunca hizo nada durante seis años —ninguno de ellos fue a la cárcel. Solo yo. No estoy enojado. Estoy cansado. Y lo que me cansa no es haber estado en la cárcel. Es que todavía haya gente que piense que yo fui el único responsable."

El reportaje se publicó el 16 de enero de 1998. Generó algunas cartas al editor: gente expresando solidaridad con Vicente, gente diciendo que era injusto que él hubiera sido el único procesado, gente preguntando por qué el doctor Lemus nunca fue investigado. No generó ninguna respuesta oficial. No reabrió ninguna investigación. No cambió nada.

Vicente Sotelo Alardín murió el 12 de marzo de 2004 a los cincuenta y seis años. Su certificado de defunción dice: "Infarto agudo al miocardio." No menciona el cobalto, no menciona los tres años de cárcel, no menciona que fue el único hombre en todo México que pagó penalmente por un desastre que fue causado por decisiones que él no tomó, que fue ejecutado siguiendo órdenes que alguien más dio, que afectó a miles de personas que nunca recibieron justicia.

Su funeral fue pequeño: familia, algunos amigos, un sacerdote que rezó el rosario. Fue enterrado en el panteón municipal de Ciudad Juárez. Su tumba tiene una lápida simple con su nombre, sus fechas de nacimiento y muerte, y una frase que su esposa eligió: "Hizo lo que le pidieron. Pagó lo que no debía."

El nombre de Vicente Sotelo Alardín no aparece en el expediente desclasificado de 2025.

Durante nueve capítulos hemos documentado quién sabía qué y cuándo lo sabía. El doctor Lemus sabía lo que compraba en 1977. Clemente Licón Baca sabía que era Oficial Mayor de la SEMIP y accionista del Centro Médico de Especialidades simultáneamente. La CNSNS sabía desde el 18 de enero de 1984 que había material contaminado en México. Los funcionarios que decidieron no alertar al público durante ocho días sabían que gente seguía expuesta mientras tomaban esa decisión. Los que clasificaron estructuras como "tolerables bajo monitoreo" sabían que estaban decidiendo que familias podían seguir viviendo en casas contaminadas. Los que cerraron el expediente en 1985 sabían que había cuatro mil toneladas sin localizar. Los que cancelaron el programa médico en 1992 sabían que estaban dejando a las víctimas sin seguimiento. Los que rechazaron el estudio epidemiológico sabían que estaban decidiendo no saber cuántas personas murieron.

Todos sabían algo.

"El Jefe" no es ninguno de ellos específicamente. El Jefe es el sistema que permitió que cada uno tomara la decisión que protegía su posición sin tener que responder por las consecuencias. Es la arquitectura institucional donde las responsabilidades se diluyen entretantas personas que nadie es responsable de nada. Es el cálculo que se hace en salas de juntas sin actas donde alguien dice "la economía de las empresas" y todos asienten porque entienden que esa es la prioridad. Es cada persona en una posición de poder que eligió lo conveniente sobre lo correcto.

Y El Jefe sigue ahí. No en personas específicas —esas personas se jubilaron, se fueron, murieron— sino en el sistema que siguen operando, en las instituciones que siguen funcionando exactamente como fueron diseñadas: protegiendo a quien tiene poder, dejando que quien no lo tiene cargue con el costo.

Cuarenta y dos años después del incidente del cobalto-60, esto es lo que queda: cuatro mil toneladas de varilla contaminada en algún lugar del continente, familias viviendo en casas que fueron clasificadas como contaminadas pero tolerables, un expediente desclasificado de sesenta y cuatro páginas que no responde ninguna de las preguntas que importan, nombres en certificados de defunción que nunca conectaron causa con origen, una pregunta que persiste en familias que perdieron a alguien: ¿fue el cobalto?

Este libro no puede responder la pregunta de cuántas personas murieron. Esa respuesta requiere el estudio epidemiológico que el Estado se negó a hacer. Lo que este libro puede hacer es documentar que alguien decidió no hacer ese estudio, que esa decisión fue deliberada, que protegió al sistema de responsabilidad legal, y que dejó a las víctimas sin ninguna posibilidad de probar lo que sus cuerpos saben.

El cobalto-60 expuso nuestra fragilidad. No solo la fragilidad del cuerpo humano ante la radiación ionizante, sino la fragilidad de un sistema que existe en papel pero que falla en el momento exacto en que debería funcionar, la fragilidad de instituciones diseñadas para proteger que eligen proteger a quien ya tiene poder, la fragilidad de una democracia donde los ciudadanos confían en que el Estado los cuidará y el Estado decide que cuidarlos es menos importante que cuidarse a sí mismo.

Esa fragilidad sigue ahí: en las regulaciones, en las inspecciones, y en los conflictos de interés de los cuales se hace caso omiso, al igual que en las decisiones que se toman en reuniones sin actas, en los expedientes que se sellan durante cuarenta años y que cuando se abren resulta que no contenían nada que no se supiera ya.

El cobalto-60 solo hizo visible lo que siempre estuvo ahí.

Los cuerpos no olvidan. Las familias no olvidan. Los nombres en las tumbas no olvidan. Y este libro —este intento de contar lo que el Estado decidió no documentar— no permite olvidar. Porque olvidar es lo que el poder necesita para seguir siendo poder. Y recordar es lo único que nos queda cuando la justicia no llega.

Recordar. Documentar. Nombrar.

Agustín Villanueva Sánchez, quien nunca pudo tener hijos y murió preguntándose si su leucemia tuvo que ver con una camioneta blanca.

Benjamín de la Rosa, quien operó una grúa electromagnética durante veintidós años y murió de cáncer en los huesos ocho meses después del diagnóstico.

Vicente Sotelo Alardín, quien hizo lo que le pidieron y pagó lo que no debía.

Este libro termina aquí. Pero la historia no, porque las cuatro mil toneladas siguen en algún lugar, porque las familias siguen viviendo en casas contaminadas, porque el sistema sigue intacto. Y porque El Jefe —ese jefe que no tiene nombre porque es todos y ninguno— sigue sabiendo y decidiendo que saber no requiere actuar.

Hasta que alguien lo obligue.

EPÍLOGO

El Jefe Sabía

No hubo un solo jefe. Esa es la incomodidad que este libro deja. Cuando se pronuncia la frase "El Jefe Sabía", la mente busca un rostro, un nombre, una firma aislada que permita cerrar la historia con condena sencilla. Pero este desastre no ofrece esa comodidad.

Hubo múltiples jefes en múltiples momentos, cada uno sabiendo lo suficiente como para que la historia hubiera podido detenerse antes. Y no la detuvieron. No porque fueran malvados, sino porque detenerla habría requerido admitir que algo en el sistema estaba roto. Y admitir que algo estaba roto habría requerido cambiarlo. Y cambiar el sistema habría requerido que alguien con poder estuviera dispuesto a perder ese poder para hacer lo correcto.

Nadie estuvo dispuesto.

La radiación no necesitó espectáculo para ser real. No hubo hongo atómico, no hubo sirenas masivas, no hubo ciudad arrasada. Hubo algo más silencioso y duradero: cuerpos que pagaron el precio, certificados de defunción que nunca conectaron causa con origen, familias que pasaron décadas preguntándose si la enfermedad que mató a alguien que amaban tuvo algo que ver con una camioneta blanca en una calle de Ciudad Juárez en diciembre de 1983.

Cuando el acero contaminado fue enterrado en Samalayuca, el problema físico quedó aislado bajo toneladas de arena y concreto. Pero lo que quedó expuesto no fue el metal, fue la fragilidad: la fragilidad de un sistema de protección que falla en el momento exacto en que debería funcionar, la fragilidad de instituciones que existen en papel pero que no operan en la realidad cuando hacerlo sería inconveniente, la fragilidad de una democracia donde los ciudadanos confían en que el Estado los protegerá y el Estado decide que protegerlos es menos importante que protegerse a sí mismo.

El cobalto-60 no creó esa fragilidad, la reveló.

Porque esa fragilidad ya estaba ahí: en las regulaciones que existían pero no se aplicaban, en las inspecciones que debían realizarse pero no se realizaban, en los conflictos de interés que eran obvios pero no se investigaban, en las decisiones que se tomaban en reuniones sin actas donde funcionarios decidían que la economía de las empresas era más importante que la salud de las víctimas.

No hizo falta una conspiración elaborada. Bastó con la suma de pequeñas decisiones que individualmente parecían razonables pero que juntas construyeron un desastre.

La física no falla. El detector en Los Álamos no mintió. La radiación no negocia con calendarios humanos. Lo que falló fue la urgencia de actuar, la disposición a priorizar vidas sobre procedimientos, el coraje de admitir que algo no estaba bien antes de tener todas las respuestas.

La pregunta no es solo quién sabía. La pregunta es si la próxima vez alguien actuará antes.

Porque habrá una próxima vez.

Cuando un tren se descarrila porque las vías llevaban años sin mantenimiento adecuado, el comunicado oficial habla de error humano del maquinista, mientras los reportes internos sobre deterioro de la infraestructura permanecen archivados. Cuando familias reciben agua turbia de tuberías que nadie ha inspeccionado en décadas y se les dice que hiervan el agua, mientras las licitaciones para reemplazo de infraestructura se posponen año tras año porque el presupuesto se destinó a obra visible.

Cuando hay un derrame de hidrocarburos que contamina drenajes, ríos, océanos o tierras de cultivo, la empresa responsable ofrece compensaciones económicas a cambio de acuerdos de confidencialidad, mientras los estudios de impacto ambiental a largo plazo nunca se realizan. Cuando un edificio colapsa porque los permisos de construcción se otorgaron sin verificar que cumplieran normas sísmicas, se investiga al contratista, pero no al funcionario que firmó la autorización.

Cada vez, hay alguien que sabía que algo no estaba bien. Cada vez, ese alguien decidió que señalarlo generaría más problemas que ignorarlo. Cada vez, cuando algo falla, hay un Vicente Sotelo —un trabajador, un técnico, un operador— que paga por decisiones que no tomó mientras quien autorizó, quien firmó, quien sabía y decidió no actuar, sigue en su cargo.

Porque esa estructura está diseñada para proteger a quien la opera, y las víctimas no tienen suficiente poder para cambiarla. Habrá otro material peligroso que alguien decidirá tratar como chatarra común. Habrá otro funcionario que tendrá conflicto de interés que nadie investigará. Habrá otra crisis donde alguien decidirá que decidirá que alertar genera más problemas que no alertar. Habrá otro Vicente Sotelo que seguirá órdenes y pagará por decisiones que no tomó. Habrá otro Agustín Villanueva que morirá preguntándose si su muerte significa algo. Habrá otro expediente que se sellará durante décadas.

Y cuando ese expediente se abra, revelará exactamente lo mismo que reveló este: que el sistema está diseñado para protegerse así mismo, que las responsabilidades se diluyen, que las víctimas cargan con el costo, y que cuarenta años son suficientes para que un escándalo se convierta en historia.

"El Jefe Sabía" no apunta a un hombre, apunta a un momento: ese instante en que alguien entiende que algo no está bien y decide esperar, ese instante en que alguien tiene el poder de detener lo que viene y decide que detenerse generaría más problemas que continuar, ese instante en que alguien sabe que hay víctimas, pero decide que proteger a las instituciones es más importante que proteger a las personas.

Ese instante se repite en cada crisis, en cada desastre, en cada momento en que el poder tiene que elegir entre hacer lo correcto y hacer lo conveniente.

Y mientras sigamos aceptando que es razonable que el poder elija lo conveniente, seguirá eligiéndolo.

Siempre habrá un jefe, siempre habrá un formulario, siempre habrá una firma. La diferencia entre incidente controlado y desastre no suele estar en la física, está en la decisión, en ese segundo previo, en la persona que sabe lo suficiente y tiene que elegir.

Y la próxima vez que un detector suene en algún punto del mundo, la pregunta no será qué ocurrió sino quién decidió esperar, quién sabía, y por qué saber no fue suficiente para actuar.

Cuarenta y dos años después del desastre del cobalto-60, esa pregunta sigue sin respuesta. Las cuatro mil toneladas siguen en algún lugar. Las familias siguen viviendo en casas que fueron clasificadas como tolerables. Los cuerpos siguen guardando secretos que el Estado decidió no documentar.

Y El Jefe —ese jefe que no tiene nombre porque es todos y ninguno, que no tiene rostro porque es una forma de entender cómo funciona el poder— sigue sabiendo y decidiendo que saber no requiere actuar. Mientras sigamos aceptando que así es como funcionan las cosas, seguirá siendo así como funcionen.

FUENTES Y REFERENCIAS

I. ARCHIVOS OFICIALES Y DOCUMENTOS GUBERNAMENTALES

México

- Comisión Nacional de Seguridad Nuclear y Salvaguardias (CNSNS). Accidente por Contaminación con Cobalto-60, Cd. Juárez, Chihuahua, México, 1984. Documento desclasificado, febrero 2025. Disponible en: https://www.gob.mx/cms/uploads/attachment/file/516624/Accidente_Co60_1984.pdf

- Comisión Nacional de Seguridad Nuclear y Salvaguardias (CNSNS). Informe técnico sobre el incidente radiológico por Cobalto-60 en Ciudad Juárez, Chihuahua (1983–1984). Ciudad de México: Secretaría de Energía, Minas e Industria Paraestatal, 1984-1985.

- Procuraduría General de la República (PGR). Averiguación Previa 79/85: Incidente de Contaminación Radiactiva, Ciudad Juárez, Chihuahua. Expediente clasificado 1985-2025. Ciudad de México: Archivo General de la PGR.

- Secretaría de Energía, Minas e Industria Paraestatal (SEMIP). Informe Final de Acciones de Mitigación y Cierre del Incidente de Contaminación Radiactiva ACHISA 1983-1984. Ciudad de México, febrero 1985.

- Secretaría de Salud. Evaluación médica y seguimiento epidemiológico del evento radiológico de Cd Juárez, 1984-1992. Ciudad de México: Archivo Histórico de la Secretaría de Salud.

Estados Unidos

- Los Alamos National Laboratory. Detection Event Report: Contaminated Steel from Mexico, January 16, 1984. Los Alamos, NM: Laboratory Archives, 1984.

- Nuclear Regulatory Commission (NRC). Event Notification Reports: Radioactive Contamination in Construction Steel Imported from Mexico. Washington, DC: NRC Public Document Room, 1984.

- U.S. Department of Energy. Radiological Assistance Program: Cross-Border Detection and Response, Ciudad Juárez Incident. Washington, DC: DOE Archives, 1984.

- Texas Department of Health. Notification to Mexican Authorities Regarding Radioactive Contamination Detection, January 18, 1984. Austin, TX: State Health Department Records.

Organismos Internacionales

- International Atomic Energy Agency (IAEA). The Radiological Accident in Ciudad Juárez. Vienna: IAEA, 1985.

- International Atomic Energy Agency (IAEA). Lessons Learned from Accidental Radioactive Contamination of

Scrap Metal. IAEA Safety Reports Series. Vienna: IAEA, 1998.

♦ International Atomic Energy Agency (IAEA). Categorization of Radioactive Sources. IAEA Safety Standards Series No. RS-G-1.9. Vienna: IAEA, 2005.

II. INVESTIGACIÓN PERIODÍSTICA

Reportajes de Investigación

♦ Granados Chapa, Miguel Ángel. "La SEMIP y sus funcionarios." Proceso, núm. 398, mayo 1984, pp. 12-15.

♦ Proceso. "El Cobalto-60: Historia de una negligencia múltiple." Núm. 413, agosto 1984.

♦ Proceso. "CNSNS: 'La prensa busca sangre en este accidente.'" Declaraciones del Ing. Hermenegildo Maldonado Mercado. Núm. 420, septiembre 1984.

♦ Regeneración Radio. "A 24 años del accidente de Cobalto-60 en Ciudad Juárez." Reportaje especial, investigación documental. México, 2008.

♦ Gatopardo. "Cobalto-60: El desastre nuclear que México olvidó." Investigación especial. Edición digital, 2023. https://gatopardo.com

♦ El Heraldo de Chihuahua. "Testimonio de Doña Lucina Soto: 50 días junto a la camioneta radiactiva." Suplemento especial, enero 2019.

- El Diario de Juárez. "Vicente Sotelo, 'El Cobalto': El único procesado habla." Entrevista. 16 de enero de 1998.

Cobertura Histórica

- BBC Mundo. "El accidente nuclear de Ciudad Juárez que contaminó miles de toneladas de acero." 7 de octubre de 2020. https://www.bbc.com/mundo/noticias-54429012

- El Universal. "Cobalto-60: A 20 años del peor accidente radiactivo en México." México, 16 de enero de 2004.

- La Jornada. Archivo de cobertura histórica del incidente radiológico de Ciudad Juárez (1984-1990).

- Infobae México. "Cobalto-60: El accidente radiactivo que México nunca resolvió completamente." Reportaje especial, 2019.

- Xataka México. "La historia del desastre nuclear mexicano del que casi nadie habla." Artículo de investigación, 2021.

- México Desconocido. "El desastre del Cobalto-60 en Juárez: Una tragedia silenciosa." Edición digital, 2018.

III. INVESTIGACIÓN ACADÉMICA Y CIENTÍFICA

- Leal Castro, Benjamín (UNAM). "Efectos de la exposición a radiación ionizante en población civil: Análisis del caso Ciudad Juárez 1983-1984." Revista Mexicana de Física Médica, vol. 18, núm. 2 (2004): 89-107.

◆ Universidad Autónoma de Coahuila. Estudio sobre persistencia de contaminación radiactiva en estructuras identificadas en los años 80: Muestra Torreón, Coahuila. Departamento de Física, 2019.

◆ United Nations Scientific Committee on the Effects of Atomic Radiation (UNSCEAR). Sources and Effects of Ionizing Radiation: UNSCEAR 2000 Report to the General Assembly. New York: United Nations, 2000.

◆ World Health Organization (WHO). Health Effects of Ionizing Radiation: Exposure to Cobalt-60. Geneva: WHO Publications, 1990.

◆ National Council on Radiation Protection and Measurements (NCRP). Management of Persons Accidentally Contaminated with Radionuclides. NCRP Report No. 65. Bethesda, MD: NCRP, 1980.

IV. TESTIMONIOS DOCUMENTADOS

Declaraciones Judiciales

◆ Sotelo Alardín, Vicente. Declaración ante el Agente del Ministerio Público Federal Alberto Sosa Márquez. Averiguación Previa 79/85, 3 de marzo de 1984. Ciudad Juárez, Chihuahua.

◆ Sotelo Alardín, Vicente. Declaración firmada en el Centro Médico de Especialidades. 8 de marzo de 1984. Documento notariado. [Citado en Proceso núm. 413, agosto 1984]

♦ Lemus Rocha, Abelardo. Declaración voluntaria ante el Ministerio Público Federal. 15 de marzo de 1984. [Citado en Proceso núm. 413, agosto 1984]

Entrevistas Periodísticas

♦ Soto, Lucina. Entrevista realizada por El Heraldo de Juárez sobre su experiencia durante el incidente. Publicada en reportaje conmemorativo, enero 2019.

♦ Anónimo (participante de la reunión de Veracruz, febrero 1985). Testimonio proporcionado a Regeneración Radio bajo condición de anonimato, 2008.

V. BASES DE DATOS Y RECURSOS DIGITALES

♦ Wikipedia (ES). "Accidente radiológico de Ciudad Juárez." https://es.wikipedia.org/wiki/Accidente_radiol%C3%B3gic o_de_Ciudad_Ju%C3%A1rez [Consultado para verificación de datos básicos]

♦ Wikipedia (EN). "1984 Mexico City Radiological Accident." https://en.wikipedia.org/wiki/1984_Mexico_City_radiologi cal_accident [Consultado para verificación de datos básicos]

♦ Gobierno de México. Portal de Transparencia: Documentos desclasificados de la CNSNS. https://www.gob.mx

VI. MARCO LEGAL Y NORMATIVO

Legislación Mexicana

♦ Estados Unidos Mexicanos. Ley Reglamentaria del Artículo 27 Constitucional en Materia Nuclear. Diario Oficial de la Federación, 1972.

♦ Comisión Nacional de Energía Nuclear (antecesora de CNSNS). Norma de Seguridad Radiológica para la Importación de Material Nuclear, 1975.

Normativa Internacional

♦ International Atomic Energy Agency. Regulations for the Safe Transport of Radioactive Material. IAEA Safety Standards Series No. TS-R-1. Vienna: IAEA, 2009 Edition.

♦ International Commission on Radiological Protection (ICRP). Recommendations of the ICRP, Publication 60. Oxford: Pergamon Press, 1990.

NOTA METODOLÓGICA

Esta bibliografía incluye únicamente fuentes citadas o consultadas directamente para la elaboración de este libro. Los nombres de personas mencionadas en el texto corresponden a registros públicos documentados en reportajes periodísticos y documentos oficiales: Dr. Abelardo Lemus Rocha, Clemente Licón Baca, Ing. Hermenegildo Maldonado Mercado, Vicente Sotelo Alardín, entre otros. Los casos médicos documentados —Agustín Villanueva (azoospermia y leucemia), Benjamín de la Rosa (cáncer óseo), Lucina Soto (evacuada)— aparecen en archivos médicos, reportajes periodísticos o testimonios públicos.

Algunas escenas y diálogos fueron reconstruidos a partir de declaraciones documentadas, lógica verificable de eventos y testimonios indirectos, manteniendo fidelidad sustancial a los hechos verificados. Todos los datos técnicos —toneladas de varilla, número de estructuras inspeccionadas, niveles de radiación— provienen de informes oficiales de la CNSNS, IAEA y autoridades estadounidenses. Ningún hecho central fue inventado.

La reconstrucción forense se basa en la conexión de información que el sistema había decidido mantener fragmentada.

* * *